Hans-Günter Hertrich

Hundespaß
Agility

Kosmos

Agility fördert Aufmerksamkeit und die Fähigkeit zur Konzentration.

Für lebhafte kleine Hunderassen ist Mini-Agility ein idealer Sport.

Inhalt

Extra

Die Begeisterung sieht man ihm an.

Die Entstehung von Agility

Eine Sportart wird geboren

Bitte stellen Sie sich einmal folgendes vor: Ihr Hund durchläuft mit Ihnen – ohne Halsband und Leine – einen Zickzackkurs. Dabei läuft er durch Tunnel, balanciert und springt, nur durch Ihre Körperbewegung und Ihre Stimme geleitet, sicher über Hürden und Hindernisse.

Bitte Aufmerksamkeit: Die erhobenen Arme signalisieren STEH.

Mit dieser Vorstellung, wie stark sie auch immer ausgeprägt sein mag, befinden Sie sich bereits auf dem Wege zu Agility. Aber beginnen wir gemeinsam am Anfang. Das Wort „agil" ist lateinischen Ursprungs und bedeutet flink, beweglich. Agilität bedeutet somit Behendigkeit. Agility ist die englische Übersetzung des Begriffes Behendigkeit und bezeichnet eine Sportart, die von Menschen und Hunden in partnerschaftlicher Teamarbeit durchgeführt werden kann. In diese Teamarbeit

„Sie kennen Agility noch nicht? Dann lassen Sie uns einmal sehen."

Konzentration auf schmaler Planke

Gute Zusammenarbeit auf der A-Wand, einem der Kontaktzonengeräte im Agility.

bringt der Partner Hund sein Reaktionsvermögen, seine Schnelligkeit und Freude am Spielen, Laufen und Springen ein. Der Mensch steuert außer körperlicher Fitneß seine geistige Beweglichkeit bei.

WAS IST AGILITY EIGENTLICH?

Die Aufgabenstellung im Agility-Sport besteht darin, daß eben dieses Team, Mensch und Hund, einen

Schnell durch den Tunnel und das nächste Hindernis anpeilen

Ruhige und eindeutige Handzeichen dienen der Konzentration.

Parcours, bestehend aus Hürden, Tunnel und Hindernissen, fehlerfrei in einer festgesetzten Zeitspanne durchläuft. Der Hund läuft, springt und balanciert, geleitet durch Zeichen und die Stimme des menschlichen Partners. Für den Parcoursaufbau ist der Vergleich mit einem Springparcours aus dem Pferdesport nicht einmal so abwegig, wie uns ein Blick in die Historie zeigt.

ENGLISCHE WURZELN

Ein klein wenig liegt die Entstehungsgeschichte schon im Dunkeln. Nirgendwo in der Historie wird der blitzgescheite Schöpfer dieser Bewegung erwähnt. Wie dem auch sei – die mir bekannte Version gefällt mir persönlich sehr gut, denn auch hier kommt der Teamgeist wieder ins Spiel. Im Jahr 1977 probierte das Entertaining-Komitee der Cruft's Dog Show um John Varley eine Showeinlage mit Hunden und ihren Führern. Man ließ diese Teams einen dem Pferdesport ähnlichen Parcours laufen, nur so zum Spaß. Diese Show kam beim Publikum hervorragend an, und darum wiederholte man sie im folgenden Jahr. Natürlich gab es noch keine Vereine, die sich dieser Geschichte annahmen - sie entstanden erst etwa fünf Jahre später. Über eine Ausrüstung verfügte selbstverständlich auch noch niemand. Die Dinge, welche vorhanden waren, wurden zu jeder Veranstaltung mitgebracht. Das änderte sich, als Pedigree Petfood das Equipment stellte. Fehlte nur noch ein entsprechendes Regelwerk ...

Agility war geboren. Zu Anfang wurde viel improvi-

Das Klatschen soll etwas aufmuntern.

Sicher und dynamisch über die Stangenhürde

siert. Heute werden in England Qualifikationen durchgeführt, um bei Cruft's starten zu können. Die strengen Quarantänebestimmungen verhindern heute noch einen direkten Vergleich zwischen Teams aus Großbritannien und dem europäischen Festland. Jedoch treten immer wieder hervorragende Hundeleute Englands mit „Leihhunden" des jeweiligen Gastgeberlandes gegen die übrigen Teams an. Es sind herrliche Wettkämpfe, bei denen sich tolle Kontakte entwickeln!

EINSTAND IN DEUTSCHLAND

Der offizielle Einstand des Agility in Deutschland fand anläßlich der FCI-Welthundeausstellung 1991 in Dortmund statt. Die Präsidentin des Deutschen Verbandes der Gebrauchshundsportvereine (DVG), Christa Bremer, war begeistert vom Agility und stellte es hier mit viel Energie und Weitblick erstmalig einem großen Publikum vor. Es war herrlich für alle, die es erlebten! In einem Crashkurs waren kurz vorher erfahrene und begeisterungsfähige Hundesportler mit dem Procedere dieser Sportart vertraut gemacht worden.

Von da an ging es stetig vorwärts. Aus Österreich ka-

Elegant überspringt dieser Malinois das Viadukt.

men Ute und Jakob Schnider nach Lünen, um die ersten Trainer in Deutschland zu schulen.

Die ersten Agility-Leistungsrichter standen dem Verband für das Deutsche Hundewesen (VDH) 1992 zur Verfügung. Die Richter und ihre Helfer sind für den reibungslosen Ablauf der Wettbewerbe und Prüfungen zuständig. So muß ein Richter sich z. B. vor dem Aufbau des Parcours persönlich vom ordnungsgemäßen Zustand der Geräte überzeugen. Er legt die Streckenlänge und die Standard- und Maximalzeit fest. Bei seiner Arbeit wird er durch Richter- und Parcoursassistenten, Helfer für

die Teilnehmer, Zeitnehmer, Sekretär bzw. Wertungsbüro und Platzsprecher unterstützt. Dieses Team muß vor jeder Prüfung und jedem Wettbewerb durch den Richter eingewiesen werden. Auch heute stehen die tragenden Säulen des deutschen Agility immer noch in den Vereinen der ersten Stunde.

Der Sport mit Hunden wird in jedem Land durch die speziellen Eigenarten seiner Landschaft und Menschen geprägt. Ich glaube, daß gerade England für Agility prädestiniert war. Die Wertschätzung eines guten Hundes und der sprichwörtliche Sportsgeist waren der beste Nährboden für diese Idee!

PLATZ ist gefordert. Ihre Haltung ist gespannt, aber das Team ist sich noch nicht einig.

Erst austarieren, dann kommt die rote Zone.

Gutes Timing und gleichmäßige Schritte

Voraussetzung für Agility ist eine solide Basisausbildung.

Ein gutes Stück Lebensart

Agility ist ausgezeichnet für die Kondition Ihres Hundes (für Ihre natürlich auch), gleichzeitig aber mehr als nur ein Sport: Bindung und Vertrauen zwischen Mensch und Hund werden vertieft und gefestigt. Sie werden die vielen positiven Folgen auch in Ihrem Alltag bemerken.

WOZU AGILITY?

Es geht hierbei nicht um die Frage, ob Agility besser geeignet ist, seinen Hund zu bewegen, als eine andere Sportart. Auf gar keinen Fall soll versucht werden, Agility konkurrierend zu anderen Hundesportarten zu werten – schließlich hat jede dieser Sportarten ihre eigenen Vorzüge. Ich möchte Ihnen hier meine Vorstellungen über Agility aufzeigen. Selbstverständlich werde ich mich dabei bemühen, so objektiv wie möglich zu sein. Wenn jedoch andererseits eine gewisse Subjektivität einfließt, werden Sie mir das sicher nachsehen.

Vertrauen – auf der Planke läßt er sich auch „blind" führen.

Gemeinsames Erleben beim Klettern, Springen ...

DER HUND ALS HEIMTIER

Mit der zunehmenden Besiedlung, Verdichtung der Wohnflächen und gewerblichen Bebauung hat sich auch die Hundehaltung in unserer Gesellschaft verändert. Der Mensch hat in zunehmendem Maße die angenehmen Eigenschaften eines Haustieres in seiner unmittelbaren Nähe schätzen gelernt. Auf die Hundehaltung bezogen bedeutete dies z. B. die Verbreitung einiger kleiner Hunderassen. Ursprünglich reine Hüte- und Jagdhunde haben jetzt einen Platz mitten in der menschlichen Gesellschaft. Dies hat aber auch die Konsequenz für den Menschen, sich auf die Bedürfnisse des Hundes einzustellen und ihm eine entsprechende Behandlung und ein Betätigungsfeld anzubieten. Dafür ist es absolut wichtig, dem Hund das Leben in unserer technisierten Umwelt vertraut zu machen, damit er sich in unserer Gesellschaft wohl fühlen kann und akzeptiert wird!

SINNVOLLE FREIZEITGESTALTUNG

Agility ist in seiner Ausführung sehr variabel: Bereits in die Anordnung von Sprüngen und Trainingssequen-

Bei Wohnungshaltung mangelt es oft an Bewegung.

... und Balancieren macht Freude.

Die Treppe gehört zum Turnierhundsport.

zen fließen die persönlichen Vorstellungen des Trainers über sportliche Abläufe ein. Primär ist daher die Kreativität und Spontaneität des Teams anzusprechen und zu fördern. Mensch und Hund sollen zu einer echten Partnerschaft zusammenfinden. Jeder Partner dieses Teams bringt seine persönlichen Vorzüge ein, um ein gemeinsames Ziel zu erreichen. Im Spiel mit dem Hund kann eine komplexe sportliche Betätigung kanalisiert werden. Ich empfinde die Möglichkeiten, gleichzeitig Trainer und Teamkamerad zu sein, Gleichgesinnte zu finden, Erfahrungen auszutauschen und zu sammeln, als eine sehr starke Motivation für diesen Sport. In der Vielseitigkeit von Agility liegt somit der Reiz des kreativen Wirkens für den Hundefreund.

LEBENSERFAHRUNG SAMMELN

Mit zunehmendem Training wachsen die Bindung und das Verständnis füreinander. Die Reaktionen auf veränderte Situationen werden kürzer. Die gemeinsamen Erfolgserlebnisse innerhalb einer sinnvollen Freizeitgestaltung tragen wesentlich zum allgemeinen Wohlbefinden und zur Ausgeglichenheit bei. Die Verantwortung des Menschen für den andersartigen Partner wächst und wird selbstverständlich. Es ist sozusagen praktizierter Tierschutz, wenn der Mensch seinem Partner Hund ein adäquates Betätigungsfeld bietet, ihn artgerecht ausbildet und ihm alternative Möglichkeiten zu seinem ursprünglichen Verwendungszweck anbietet. Die Wissenschaft

hat dies längst bewiesen! Im Agility bieten sich besonders gute Möglichkeiten zur physischen und psychischen Entfaltung.

MIT GEFÜHLEN UMGEHEN

Da in dieser Partnerschaft die Sprache als gemeinsa-

Agility macht auch ihn munter.

Der natürliche Umgang mit Geräten ist für den Sport sehr wichtig. Dieser Spitz fühlt sich sichtlich wohl.

Ziel erfährt jeder. Lasten Sie diese Dinge nicht Ihrem Hund an, sondern suchen Sie nach geeigneten Lösungen, damit er die Lernschritte nachvollziehen kann. Kontrollieren Sie Ihre Reaktionen. Gehen Sie locker und entspannt ins gemeinsame Training!

DEN PARTNER VERSTEHEN

Gemeinsam sind Sie und ich uns einig, auf der verbalen Ebene wenig bei unserem Hund erreichen zu können. Also versuchen wir es auf hundliche Art und Weise: Wir sprechen ihn in seinen Triebanlagen an, fördern sie und kanalisieren sie in ein erwünschtes Verhalten und bestätigen ihn. Zugegeben, das hört sich kompliziert an, ist aber dennoch recht simpel zu praktizieren. Wir Menschen neigen dazu, uns die Lehrer-Schüler-Position anzueignen. Dazu bedarf es logischen Denkens. Sehen Sie, genau dazu ist unser Hund nicht imstande, und deshalb funktioniert diese Methode hier auch nicht. Allerdings kann unser Hund Vorgänge verknüpfen, wenn man sie ihm in kleinen Lernschritten vermittelt. Diesen Umstand nutzen wir im Agility und lassen aus dem Spiel erst einfache, später zusammen-

mes Kommunikationsmittel ungeeignet ist, muß der Mensch sich mit den Möglichkeiten des Hundes vertraut machen. Er muß Rudelgefährte im hundlichen Sinne sein. Unser Hund fühlt sich wohl, wenn er seine Position innerhalb des Rudels bekommt. Er will

fair behandelt werden, und seine Bedürfnisse und genetischen Eigenschaften sollen sinnvoll befriedigt werden. Überschwengliches Lob, das Teilnehmen an seiner Freude und die Bestätigung motivieren ihn und fördern sein Wohlbefinden. Rückschläge auf dem Wege zum

gesetzte und am Ende komplexe sportliche Handlungen entstehen. Wir sprechen dann von der unsichtbaren Leine!

GEISTIGE EINSTELLUNG

Sie werden in der Lage sein, in Unterordnungsmanier einen Parcours fehlerfrei zu durchlaufen. Sie werden jedoch nicht gewinnen können! Im Training werden unsere Teams vorbereitet und motiviert, so daß sie selbstbewußt den Wettkampf aufnehmen. Der Hund blickt ausschließlich auf positive Erfahrungen zurück. Er hat überhaupt keine Veranlassung, an sich zu zweifeln. In anderen Vereinen benutzt man verschiedene Geräte und andere Materialien. Unser selbstbewußtes Team wird davon nicht beeindruckt. Wer bereits am Start an sich zweifelt, hat keine ausreichende Vorbereitung genossen: Sein Hund hat einen Sensor für diese Unsicherheit, und es kann nur unbefriedigend ausgehen. Sicherlich ist Agility ein Sport mit sehr viel Verantwortung – aber die positiven Erlebnisse im Team, mit dem Hund und anderen Mitbewerbern, prägten den Slogan: „Agility is fun!"

Blitzschnelle Reaktionen auf den Menschen beim Slalom

Aus lauter Lebensfreude laufen und springen möchten große und kleine Hunde gleichermaßen.

Bei systematischem Trainings-aufbau lassen sich auch schwierige Aufgaben leicht meistern.

Die richtigen Voraussetzungen

Mein Hund – ein Agility-Sportler?

Die meisten Hunde können Agility machen. Ganz wichtig dabei ist allerdings eine gesundheitliche Prüfung vor der Aufnahme der sportlichen Aktivitäten. Der Aufbau des Trainings sollte gut durchdacht, unter Anleitung erfolgen und den Hund keinesfalls überfordern.

Um Agility zu trainieren und später dann mit anderen Gleichgesinnten in den Wettstreit treten zu können, bedarf es primär eines guten Gesundheitszustandes. Da wir uns mit diesem Punkt näher befassen, dürfen wir ihn vorerst einmal etwas beiseite schieben und uns den weiteren Voraussetzungen widmen.

JUNGHUND

Erfahrungsgemäß ist es für jeden Hundebesitzer sehr reizvoll, mit einem jungen

Ein gutes Sozialverhalten ist im Agility der Schlüssel zum Erfolg.

Hütehunde bringen gute Voraussetzungen mit.

Für Mini- und Maxihunde gibt es unterschiedliche Parcoursbe-
stimmungen. Auch das Training sollte individuell sein.

Mischlinge sind oft ausgezeichnete Agility-Sportler.

Früh bereiten wir spielerisch die Basis für spätere Ziele.

Anhang auf der Seite 60. Selbstverständlich ist es leichter, einen Hund, der in seinen Trieben gut veranlagt ist – der gerne spielt, erbeutet und futtert –, zu motivieren, als einen Hund, bei dem diese Dinge weniger oder minimal ausgeprägt sind. Jedoch soll uns das nicht entmutigen. Erst einmal gehört Geduld ohnehin zu dieser Partnerschaft, und möglicherweise ist er ja der Typ Hund, der letztlich in seiner Art und seinem Wesen genau zu uns paßt. Der Junghund bekommt sein Rüstzeug also so früh wie möglich, auf spielerische Art und seinem Alter entsprechend, vermittelt. Jeder Lernschritt wird unbedingt positiv für ihn abgeschlossen und mit überschwenglichem Lob bestätigt! Zugegeben, so einen kleinen Rohdiamanten zu schleifen ist höchst

Hund die ersten Trainingsschritte gemeinsam zu proben. Das angeeignete Wissen weitergeben zu wollen und die Reaktionen darauf zu erfahren ist schon sehr spannend und motivierend zugleich. Der Junghund soll vorrangig auf spielerische Art und Weise angeleitet und trainiert werden. Wichtig für unseren Junghund ist sein Verhalten gegenüber Menschen, Artgenossen und der Umwelt: Da er auf dem Übungsplatz viel Kontakt zu anderen Hunden und Menschen haben wird, spielt seine soziale Verträglichkeit eine große Rolle.

Der junge Hund soll sich motivieren lassen: entweder durch Spielzeug, Futter, durch die Bewegungen und Aktionen seines menschlichen Partners, durch Lob oder aus dem Wohlbefinden heraus. Wir sprechen hier seine genetischen Veranlagungen wie den Spiel-, den Beute- und den Meutetrieb an und fördern sie durch das Spiel, um sie für das gemeinsame Ziel zu nutzen. Hinweise auf sehr gute Literatur speziell für den Junghund finden Sie im

Hundespielzeug sollte ungefährlich sein und Neugier wecken.

verlockend, darin liegt jedoch auch sehr oft eine Gefahr: Sie besteht in der Übermotivation des Menschen, wenn der kleine Hund schnell verknüpfen und reagieren kann und Erfolge sich sehr schnell einstellen!

AUSGEWACHSENER HUND

Für jeden guten Trainer ist ein ausgewachsener Hund eine geistige Herausforderung. So ein Hund bringt schon eine gehörige Portion eigene Erfahrungen mit. Je nachdem, wie sein bisheriges Dasein verlaufen ist, hat er unter mehr oder weniger positiven oder negativen Einflüssen gestanden. Dieses gilt es erst einmal abzufragen. Auf diese Weise kann man sich später, wenn man diesen Hund in seinen Reaktionen beim Spielen und Reagieren auf unterschiedliche Umweltreize testet, ein besseres Bild machen. Danach wird ein spezielles Konzept erarbeitet, damit auf eine vertrauensvolle Partnerschaft hingesteuert werden kann. Oft ist die bisherige Erziehung nicht ganz ausreichend oder sogar falsch gewesen. Hier muß dann sehr einfühlsam korrigiert werden. Hinderlich ist es in jedem Fall, wenn der Hund überhaupt

noch keine Erziehung genossen hat. Diesem Kandidaten ist es ja dann bisher geglückt, seine Menschen zu beeinflussen und zu kontrollieren. Möglicherweise ist er bereits der Rudelführer geworden. Für diesen Hund ist es nun wichtig, daß aus seinem Hundehalter sein Hundeführer und letztlich sein Partner wird. Natürlich werden die Lernschritte nicht größer und schneller durchgeführt, weil er ja bereits ausgewachsen, sozusagen erwachsen ist – die Lernschritte werden hier ebenfalls seinen Möglichkeiten angepaßt und immer positiv abgeschlossen. Erfolge werden möglicherweise länger auf sich warten lassen, aber für jeden Trainer ist das eine reizvolle Aufgabe! Die Funktion des Trainers im Agility ist eine Schlüsselposition, die wir später noch ausführlich besprechen werden.

ALTER HUND

Nachdem wir nun bereits einige positive Einflüsse von Agility auf junge und erwachsene Hunde zumindest ansatzweise erkannt haben, können wir auch versuchen, die Vorteile für einen älteren Hund zu beleuchten. Vorausgesetzt, unser alter Hund befindet sich noch in guter Kondition –

er läuft und spielt noch gerne –, sollten wir versuchen, ihm im Agility ein adäquates Betätigungsfeld zu schaffen. In angemessenen Lernschritten vermitteln wir ihm Gerätesicherheit. Durch geeignete Hilfsmittel, Spielzeug oder Leckerli steigern wir seine Aufmerksamkeit. Seine Führigkeit, das Umsetzen von Rechts- und Linksdrehungen und Wendungen wird ebenfalls durch viel Lob und Bestätigung gefördert. Seine Sprungtechnik soll aufgebaut und stabilisiert wer-

Applaus ist das Brot des Künstlers. Geizen Sie nicht mit Lob!

Der Zielsprung klappt, ...

den. Damit hier keine Irrtümer auftreten: Es wird kein Top-Jumper erwartet. Die Aufgaben, welche er lösen soll, müssen seinen Möglichkeiten angemessen sein. Die Teamarbeit soll gefördert werden, und im Training wird die Sicherheit erarbeitet. Die gemeinsamen Erfolge dieser Partnerschaft gestatten Mensch und Hund eine sinnvolle Freizeitbeschäftigung.Mühelos lassen sich die neuen Erkenntnisse des Trainings auch auf die täglichen Spaziergänge übertragen.

DICKER HUND

In den vorangegangenen Zeilen habe ich auch auf die Motivation oder Belohnung des Hundes durch Leckerli hingewiesen. Grundsätzlich setze ich das Mittel, auf welches er prompt reagiert, triebfördernd oder belohnend ein. Wenn er also auf das Leckerli leicht reagiert, ist es somit gerade gut genug für das Training. Haben wir jedoch einen Hund im Training, dessen Dasein zum Großteil aus Leckerli besteht und der demnach auch

... ebenso wie der Weitsprung mit viel Geduld und einem ausgewogenen Konzept sicher und weit gelingt.

so aussieht, werden wir vorrangig das Gespräch mit seinem Besitzer suchen. Eine angepaßte Diät, anschließend eine ausgewogene Ernährung und das langsame Einführen eines Konditionstrainings für beide sollte den Einstieg ins Agility ermöglichen.

ARBEITSHUNDERASSEN

Agility macht es erforderlich, daß der Hund sehr schnell auf Hör- und Sichtzeichen reagiert. Gute Voraussetzungen bringen typische Arbeitshunderassen oder Mischhunde mit, die genetisch auf entsprechenden Erbanlagen aufbauen können.

Nach guter Vorbereitung wird die Kletterwand freudig und in flottem Tempo genommen.

Jagdhunde
Anhänger der verschiedenen Jagdhunderassen finden sicherlich bei diesen Rassen ihren zukünftigen Agility-Teampartner. Allerdings sollte man sich rechtzeitig, neben den Vorzügen dieser Veranlagung, auch mit der Kehrseite der Medaille befassen. Ist eine ausgeprägte Jagdpassion erst einmal geweckt, kann die zukünftige Agility-Karriere empfindlich beeinflußt werden. Hat unser Jagdhund erst einmal die Möglichkeit genossen, seiner Nase zu folgen, sind weiteren

Verlockungen Tür und Tor geöffnet. Da Agility-Veranstaltungen fast ausschließlich im Freien stattfinden und das Gelände von allem möglichen Getier bevölkert ist, wird eine ausgeprägte Such- und Stöberneigung den menschlichen Partner möglicherweise zur Verzweiflung bringen. Daher sind rechtzeitiges Einwirken und Steuern und eine klare Entscheidung pro Agility angebracht. Meistens entfernen sich diese Hunde sehr schnell vom Menschen. Ein Windhauch, der ihnen allerlei interessante Gerüche zuträgt, genügt bereits. Dafür

hapert es dann mit dem ebenso schnellen Wiederherankommen. Der Besitzer sollte diese Tatsache berücksichtigen. Sie erinnern sich: Triebe und Neigungen fördern und kanalisieren war die Devise.

Hütehunde
Verhält ein Hütehund sich grundsätzlich anders als ein Jagdhund? Auf jeden Fall sollten wir uns vor Verallgemeinerungen hüten. Jeder Hund ist anders geartet, selbst in der gleichen Rasse. Da die Voraussetzungen bei jedem Hund verschieden sind, müssen auch die Aus-

Dieser Hund muß begleitend zum Training etwas abspecken.

bildungsmethoden unterschiedlich angewendet werden. Am gegensätzlichen Beispiel Jagdhund – Hütehund möchte ich Ihr Augenmerk auf diese Tatsache richten.

Mit den Hüte- oder Schäferhundrassen treffen wir ebenfalls auf ein großes Potential im Hundesport. In der Regel sind diese Rassen im Umgang mit anderen Lebewesen sensibler, was sicher mit dem ehemaligen Verwendungszweck zusammenhängt. Ich selbst habe immer Schäferhunde besessen, die ich zu verschiedenen Hundesportzielen ausgebildet habe. Somit kann ich auf viele Erfahrungen zurückgreifen. Sie waren alle sehr führig und lernbegierig, wodurch sie mir und meinen Ausbildern das Trai-

ning leichtgemacht haben. Möglicherweise habe ich aber auch einfach Glück und gute Trainer gehabt. Diese Rassen verfügen über eine starke Rudelbindung und arbeiten daher gerne mit und beim Menschen. Für Agility bedeutet dies: Ich muß mit diesem Hund daran arbeiten, sich schnell und zielsicher von mir zu entfernen. Das schnelle Herankommen ist weniger ein Problem – es sei denn, ein Mißtrauen steht dem entgegen.

Die Natur hat alle unsere Haushunde genetisch unterschiedlich ausgestattet. Meine vier Collies waren zum

Beispiel sehr unterschiedlich veranlagt, daher war das Training mit ihnen stets von neuem interessant. Es spielt auch eine große Rolle, was der Welpe in der Prägungsphase erlebt und im Laufe seines Lebens erlernt hat. Ich möchte noch einmal darauf hinweisen, wie wichtig eine intakte Partnerschaft zwischen Mensch und Hund ist. Im Agility ist sie ein entscheidender Baustein zum Erfolg. Das gemeinsame Training soll Spaß machen. Dann werden auch beide gemeinsam viele gute Erlebnisse und Erfahrungen sammeln.

Bei älteren Hunden wird das Training entsprechend angepaßt.

KONZEPTE UND LERNSCHRITTE

Wir sprechen allgemein von der Hundeerziehung, jedoch ist diese Vorstellung nur bedingt richtig. Ein guter Trainer beginnt immer mit dem Menschen. Der Hundefreund wird im Einzel- oder Gruppengespräch mit der Thematik vertraut gemacht. Er lernt, die Idee und das Konzept von Agility zu verstehen. Dabei ist es sehr wichtig, daß unser Hundefreund die aufgezeigten Lernphasen verstehen kann. Der Trainer wird mit ihm ein Konzept durchsprechen, welches auf seine und die Möglichkeiten seines Hundes abgestimmt ist. Ein Feedback in einer Abschlußbesprechung ist für eine erfolgreiche Trainingsarbeit wichtig. Das Alter, die Entwicklung und Lernfähigkeit und -willigkeit des Hundes werden hier berücksichtigt.

Jagdhunde bringen gute Voraussetzungen für Agility mit.

MOTIVATION ENTWICKELN

Eine gute Atmosphäre auf dem Übungsplatz und ein angenehmes Arbeitsklima sind wichtige Voraussetzungen für ein erfolgreiches Training. Fühlt der Mensch sich nicht wohl in der Trainingsgruppe – fehlt die Anerkennung und mangelt es am richtigen Umgangston -, wird er unlustig und bleibt über kurz oder lang dem Training fern.

Für den Hund ist es ebenfalls wichtig, den Hundesportplatz mit positiven Erlebnissen zu verknüpfen. Selbst wenn aus Zeitgründen kein Training im eigentlichen Sinne möglich ist, für Spiel und Spaß muß Zeit vorhanden sein! Das Wohlbefinden als Motivationsmittel ist ein Teil von Agility.

BEIM TIERARZT

Es ist für mich eigentlich selbstverständlich, daß sich ein potentieller Hundekäufer rechtzeitig über die tiermedizinischen Möglichkeiten an seinem Wohnort informiert. Zum einen müssen die regelmäßigen Impfungen durchgeführt werden, zum anderen sollte unser Hund bei plötzlich auftretenden Beschwerden und Unfällen veterinärmedizinisch betreut werden können. Bevor wir unsere sportlichen Ambitionen in die Tat umsetzen, sollte der Hund beim Tierarzt durchgecheckt werden. Wenn wir den Zustand seiner Hüften, Gelenke und seiner Wirbelsäule kennen, können wir uns bei eventuellen Unregelmäßigkeiten oder gar Lähmungen darauf einstellen und geeignete Maßnahmen ergreifen. Es kommt immer wieder vor, daß ein

Agility ist zum größten Teil Springsport. Das perfekte Timing wird im Training erlernt.

Hund plötzlich unlustig und müde wirkt. Das kann verschiedene Ursachen haben: Überbelastung oder falsches Training, aber eben auch ein gesundheitliches Problem können die Ursache sein. Da braucht es den Veterinär, zu dem Mensch und Hund Vertrauen haben. Nach der entsprechenden Diagnose kann dann um so erfolgreicher therapiert werden.

Von den vielen selbsternannten Diagnostikern und Therapeuten ohne entsprechendes Hintergrundwissen halte ich absolut nichts! Jedoch sollte unser Hundefreund schon in der Lage sein, bei Verletzungen und offensichtlichen Beschwer-

den seinem Hund Erste Hilfe leisten zu können. Regelmäßige Besuche beim Veterinär mit entsprechendem Check sollten für den Hundefreund obligatorisch sein – ohne daß direkte Anzeichen es erfordern. Immerhin handelt es sich um seinen Teamkameraden. Agility bedeutet nämlich auch, sich gut zu fühlen und fit zu sein.

ZUSAMMENFASSUNG

Mit dem Tage, an dem der Hund als neuer Hausgenosse einzieht, ändert sich vieles in der und um die Familie herum. Sollte Ihr Freundeskreis nicht nur aus Hun-

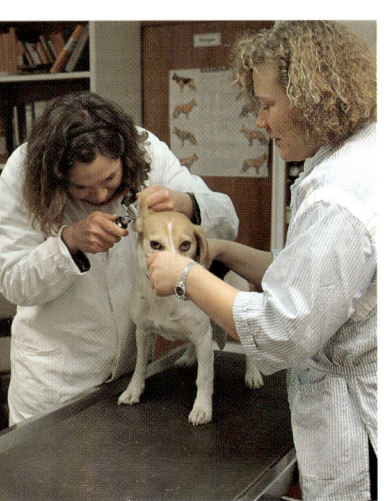

Regelmäßige Kontrollen durch den Tierarzt sind ein Muß.

Auch Hunde gleicher Rasse bringen durchaus unterschiedliche Voraussetzungen mit.

deliebhabern bestehen, wird sich dort ebenfalls die eine oder andere Veränderung einstellen. Ihre Literatur wird zwangsläufig den veränderten Verhältnissen angepaßt werden.

Sehr gut ist es, wenn die Familie sich vorher genau informiert und sich gemeinsam mit dem neuen Hausgenossen befaßt. Leider lehrt die Erfahrung, daß sich viele Besitzer erst in dem Moment, wenn sich die ersten Probleme einstellen, mit den Themen Hundeerziehung und Betätigungsmöglichkeiten näher beschäftigen.

In der Vergangenheit waren diese Möglichkeiten nur auf die Gebrauchshunde abgestimmt, die Ausbildungen sachlich, solide und zweckgebunden. Bei der heutigen Hundehaltung gibt es Alternativen, wie eben z. B. Agility, so daß für fast jeden etwas dabei ist.

Über etwas kynologisches Basiswissen sollte jeder Hundefreund verfügen. Verständliche Fachliteratur ist leicht zugänglich. Moderne Ausbildungs- und Lernmethoden, sei es nun instrumentales Lernen oder primäre Motivation, sprechen den jeweiligen Men-

schen und Hundecharakter an. Wichtig ist, daß der Mensch voll und ganz hinter seiner jeweiligen Methode steht: Erst dadurch gelingt es ihm, seinem Hund die nötige Sicherheit zu vermitteln.

Bis auf ganz wenige Hundearten steht Agility allen offen. Übergroße, winzigkleine und schwergewichtige Rassen sollten mit Agility nur nach kritischer Betrachtung beginnen. Sehen Sie, wir kennen die japanischen Sumoringer. Niemand würde auf die Idee kommen, diese Sportler ernsthaft für ein Ballett zu trainieren.

Die einzelnen Agility-Übungen

Agility is fun!

Prüfungsparcours, Wettkämpfe und Spiele wecken Neugier und Spannung bei Teilnehmern und Zuschauern. Auf den Besucher einer Agility-Veranstaltung wirkt ein Parcours in seiner Anordnung sehr interessant, und er beginnt, sich eine Meinung über die Schwierigkeit der Aufgabe zu bilden.

Spezielles Training führt auch beim schwierigen Slalom zum Erfolg.

Es ist die spezielle Eigenart von Agility, in seiner Durchführung Prüfungen, Wettkämpfe und Spiele gestalten zu können. Den Teams sollte man Esprit, Freude und Spannung anmerken. Auch bei den Wettbewerben sollte der Spaß an der Sache im Vordergrund stehen.
Jedes einzelne Gerät im Parcours hat seinen besonderen Zweck und Charakter. Die Kontaktzonengeräte A-Wand, Laufsteg und Wippe wirken bereits durch ihre Bauweise und Lackierung recht spektakulär und lenken daher im Prüfungsparcours die Aufmerksamkeit auf sich. Das Viadukt, auch

Das erste Gerätetraining beginnt meist mit dem Tunnel.

**Der recht steile Aufstieg der Wippe erfor-
dert seine ganze Konzentration.**

Mauer genannt, wird vom
Zuschauer als schwieriges
Gerät eingestuft. Tunnel und
Slalom wecken ganz beson-
ders seine Neugier: Meist
kann er nicht sofort einordnen, welche Rolle sie spielen. Die unterschiedlichen
Hürden werden eher als un-
tergeordnet betrachtet. Damit wir uns als angehende
Agility-Sportler einen guten

**Schrittweise wird der Röhren-
tunnel auf seine volle Länge
ausgedehnt, dann erst ge-
krümmt.**

Die Teilnahme an einer Agility-WM ist ein absoluter Höhepunkt.

senden, ebenso schnelles Herankommen, Rechts-Links-Laufen, in Distanz zum Teampartner Mensch und an seiner Seite, sind wichtige Bausteine auf dem Weg zum angestrebten Ziel. Bei entsprechendem Aufbau werden Sie über den Lernwillen und die Aktivität Ihres Hundes erstaunt sein. Ein guter Trainer wird eine gute, freundliche Atmosphäre schaffen. „Agility ist kontrolliertes Spiel" sagen unsere Freunde aus Österreich!

Überblick über diese Sportart verschaffen können, werden wir uns in diesem Kapitel mit den Geräten und ihren Besonderheiten näher befassen.

STARTVORAUS-SETZUNG

In Deutschland muß vor einem ersten offizellen Start im Agility eine Begleithundeprüfung nachgewiesen werden. Das bedeutet, daß Mensch und Hund anhand einer Prüfung den Gehorsam und die Zuverlässigkeit des Hundes im täglichen Leben nachweisen. Damit beginnt die sogenannte Basisausbildung. Gleichzeitig werden in kleinen Lernschritten die Übungsteile, die für Agility von Bedeutung sind, systematisch eingebaut. Schnelles Voraus-

BEWERTUNG

Der Hund soll den Parcours innerhalb einer Standardzeit frei laufend meistern. Diese Standardzeit ist in den Klassen A-1, A-2 und A-3 festgelegt. Für die Überschreitung der Standardzeit bekommt das Team pro Sekunde einen Strafpunkt. Wenn das Team die Maximalzeit überschreitet, wird es disqualifiziert. Die Maximalzeit ist mindestens anderthalbmal, meist aber doppelt so lang wie die Standardzeit.
Als Fehler an den Hindernissen gelten: Verweigerung, Vorbeilaufen, Nichtberühren der Kontaktzonen, Abwerfen der Stangen, falsche Reihenfolge usw. Diese Fehler werden mit je fünf Fehler- bzw. Strafpunkten geahndet. Bei schwerwiegenden Fehlern wird das Team disqualifiziert. Als schwerwiegend gelten z. B. das Auslassen eines Hindernisses, drei Verweigerungen oder die Mißhandlung eines Hundes.
Der Gewinner ist das Team, das die Standardzeit eingehalten und dabei die wenigsten Fehler gemacht hat.

BENOTUNG

▶ 0 – 5,99 Punkte: vorzüglich (bestanden)
▶ 6 – 15,99 Punkte: sehr gut (bestanden)
▶ 16 – 25,99 Punkte: gut (bestanden)

▶ über 26 Punkte, der Parcours wurde jedoch innerhalb der vorgegebenen Maximalzeit absolviert: Das Team hat bestanden, es wird aber nicht bewertet.

Er verläßt die A-Wand oberhalb der roten Zone: 5 Fehlerpunkte.

GRUNDBEGRIFFE VON A-Z

Angeboren: All jene Verhaltensweisen des Hundes, die bereits bei seiner Geburt im Organismus vorprogrammiert sind. Sie entwickeln sich im Wechselspiel zwischen Erbgut und Umwelt.

Assoziation: Die Verknüpfung von Vorstellungen, von denen eine die andere hervorgerufen hat.

A1, A2, A3: Die Leistungsklassen nach dem FCI-Reglement, in denen ein Hund für eine Prüfung gemeldet wird. Mit A0 wird eine offene Klasse, d. h. ein für alle Prüfungsstufen offener Wettbewerb, bezeichnet.

Beutetrieb: Dieser Trieb ist eng mit dem Jagdtrieb verwandt und äußert sich z. B. in dem Bestreben, Beuteobjekte zu fassen, festzuhalten, aufzustöbern und ihnen nachzuspringen.

Bringtrieb: Jenes Bestreben, die Beuteobjekte aufzunehmen, zu verschleppen oder zu bringen.

Bewegungs- und Betätigungstrieb: Der mehr oder weniger intensive Drang eines Hundes, die angestauten physischen und psychischen Energien in Form von Bewegung oder irgendeiner Betätigung zu entladen.

Ermüdung: Bezeichnet allgemein die abnehmende Auslösbarkeit einer hundlichen Handlung.

Erziehung: Die ruhige und konsequente Anpassung des Junghundes an das Leben im Mensch-Hund-Rudel.

Führigkeit: Die Bereitschaft des Hundes, sich in die Meutegemeinschaft einzuordnen und dem ranghöheren Meutekumpan zu gehorchen. Die Unterordnungsbereitschaft ist die psychische Voraussetzung dafür.

Hüftgelenksdysplasie (HD): Eine vererbbare Fehlentwicklung des Hüftgelenks, die zu einer chronischen Erkrankung der Hüfte führen kann.

Instinkte: Alle Anlagen zu angeborenen Verhaltensweisen. Sie werden durch bestimmte Reize geweckt.

Kynologie: Die Lehre vom Hund.

Leistungskarte: Sie wird durch den Verband, in dem der Hundeführer Mitglied ist, für den Hund ausgestellt. Ohne eine Leistungs-

Der Hund hat ein Slalomtor ausgelassen: 5 Fehlerpunkte.

Aufgerichteter Oberkörper, Arm erhoben: STEH.

Der Oberkörper unterstreicht die Armbewegung: PLATZ.

Der Finger zeigt nach oben: ACHTUNG.

karte ist kein offizieller Start im Agility möglich.

Rudel: Bei Hunden eine geschlossene Geselſchaft, deren Mitglieder sich persönlich kennen und die in einer Rangordnung zusammenleben.

Spieltrieb: Dieser Trieb ist mit dem Bewegungs- und Betätigungstrieb verwandt.

Sportpaß: Wird von einigen Verbänden für den Hundesportler ausgestellt.

Trieb: Die ererbte Bereitschaft des Hundes zu einem bestimmten Verhalten.

Verstärkung: Auch Bekräftigung oder Nacheffekt genannt. Die Bezeichnung für alle Ereignisse, die nach einer vom Hund ausgeführten Verhaltensweise auftreten. Sie führen zu einer Wiederholung oder zum Abbau der gezeigten Verhaltensweise.

Wesenssicherheit: Die Grundlage jeder optimalen Aufbauarbeit. Sie ist abhängig von Konstitution, Instinktveranlagung, Lernvermögen und Kombinationsbegabung des Hundes.

VERSTÄNDIGUNG

Bevor wir uns den verschiedenen Geräten zuwenden, möchte ich noch etwas zur Verständigung zwischen Mensch und Hund anmerken. Bei Agility kommt es ganz entscheidend auf eine eindeutige und schnelle Kommunikation an. Neben den Hörzeichen kann der Hundeführer dem Hund auch durch seine Körperhaltung, Handzeichen und und durch seinen Gesichtsausdruck vermitteln, was er von ihm erwartet. Je deutli-

cher der Hundeführer die Zeichen gibt, um so besser und schneller kann der Hund darauf reagieren.

TIP: Beim Gerätetraining ist es sehr hilfreich, die Namen der Geräte als Hörzeichen für den Hund zu verwenden. Soll also Ihr Hund zum Tisch laufen, so geben Sie mit Ihrem Körper das Voraussignal an und für den Hund TISCH.

Diese Methode beinhaltet zwei Vorteile. Der Mensch prägt sich während des Parcoursstudiums (Parcoursbegehung) die Reihenfolge der Geräte besser ein, und der Hund wird rechtzeitig auf die jeweils folgende Aufgabe eingestimmt. Dadurch wird seine Mitarbeit effektiver.

DER PARCOURS

Ein Parcours besteht aus 12 bis 20 Hindernissen. Unter diesen Hindernissen sollten mindestens sieben Hochsprünge sein. Die Hindernisse sind numeriert, damit für den Hundeführer die Reihenfolge klar erkennbar ist. Jeder Parcours ist in seiner Linienführung und Bauart ganz anders. Der Verlauf der Strecke bleibt ganz der Phantasie des Richters überlassen, aber es müssen im Verlauf wenigstens zwei Richtungswechsel erfolgen. Auf dem Prüfungsgelände selbst ist kein Training erlaubt. Nach der Freigabe des Parcours durch den Richter kann sich der Hundeführer - in einer gemeinsamen Parcoursbegehung aller Starter ohne Hund – den Parcours ansehen, um seine Taktik bestimmen zu können.

Wettkämpfe können sowohl im Freien als auch in der Halle stattfinden. Die benötigte Fläche muß mindestens 20 x 40 m groß sein. Die Streckenlänge eines Parcours beträgt zwischen 100 und 200 m.

TUNNEL

Durch den Einsatz von Röhren- und Stofftunnels lassen sich hervorragend Richtungsänderungen im Parcours einleiten. Natürlich lassen sie sich auch, geschickt plaziert, als Verleitung einsetzen. Durch U-, S- oder Winkelform in verschiedenen Krümmungen läßt sich der Röhrentunnel vielseitig im Parcours verwenden. Da er zudem von fast allen Hunden geliebt wird, kann er als Verleitung oder Element einer sehr schnellen Phase im Parcours Verwendung finden. Der Stofftunnel besteht aus einem festen Einlaufteil mit einem Stoffsack daran. Da er nicht über eine entsprechende Flexibilität verfügt, ist sein Einsatz etwas eingeschränkt.

Wird er an Schlüsselpositionen im Parcours eingesetzt, erhöht er den Schwierigkeitsgrad der Aufgabe erheblich: Während der Hund den Tunnel durchläuft, ist für einen kurzen Moment der direkte Kontakt zwischen Mensch und Hund unterbrochen. Der weitere Parcoursverlauf hinter dem Tunnel ist für die Position des Menschen an dieser Stelle sehr wichtig und prägt seine taktischen Überlegungen.

KONTAKTZONENGERÄTE

Die Kontaktzonengeräte A-Wand, Laufsteg und Wippe erfahren immer besondere

Der hundnahe Arm weist die Richtung: VORAUS.

Die Arme gespreizt, die Handflächen zum Hund: BLEIB.

Arme/Handflächen unten, Oberkörper vorgebeugt: PLATZ und BLEIB.

Nicht ganz regelkonform, aber als Motivation bestimmt enorm!

Aufmerksamkeit bei den Teams. Auch hier besteht die Gefahr des Vorbeilaufens, also einer Verweigerung. Sobald der Hund eine Pfote auf das Gerät gesetzt hat, gilt die volle Aufmerksamkeit der Arbeit an den Kontaktzonen. Diese Kontaktzonen sind durch eine andersfarbige Lackierung gekennzeichnet und haben an den Geräten eine bestimmte Länge. Der Hund muß bei fehlerfreiem Auf- und Abstieg mindestens eine Pfote in der Zone haben. Ideal ist es, wenn der Hund die Geräte von Anfang bis Ende schnell und mit glei-

cher Schrittfrequenz absolviert. Gleichmäßiges, zügiges Arbeiten läßt sich durch geeignete Trainingsschritte erlernen, die letztendlich zu einer sicheren und selbständigen Gerätearbeit des Hundes führen sollen.

HÜRDEN

In einem Agility-Parcours können folgende Hürden vorkommen:
▶ Stangenhürden,
▶ Vollflächenhürden mit einer lose aufgelegten Stange darüber,
▶ Hürden mit einem Gitter oder gekreuzten Stangen,

Parcours werden für Prüfungen, Wettbewerbe und Spiele aufgestellt.

ebenfalls mit der lose aufgelegten Stange darüber,
► Hürden aus Buschwerk, ebenfalls mit einer lose aufgelegten Stange darüber.

Der Richter entscheidet über den Typ der Hürde und die Anzahl der Stangen, welche in den Hürden aufgelegt werden. Ein internationales oder nationales Regelwerk schreibt ihm die Sprunghöhe und den Abstand der Geräte zueinander vor. Mit der Anordnung der Hürden bekommt der Parcours seine Würze. In gerader Linie, mit gleichmäßigem Abstand aufgestellt, findet der Hund sofort seinen Rhythmus und wird auf der Laufstrecke beschleunigen wollen. Die folgende notwendige Richtungsänderung im Parcours kommt dann für die Geschwindigkeit und Sprungweite des Hundes zu einem ungünstigen Moment. Die Folge ist ein Zeitverlust durch die Korrektur. Im schlimmen Fall sind Fehler oder vielleicht sogar eine Verweigerung nicht zu vermeiden. Werden die Hürden im Bogen oder versetzt angeordnet, wird der Hundesportler besonders sensibilisiert für seine Taktik und Führtechnik. Auf diese Weise kann der Richter auch das Tempo auf der Strecke beeinflussen.

Der Röhrentunnel wird richtungsändernd oder verleitend eingesetzt.

RICHTIG SPRINGEN

Eine gute Sprungtechnik und das Abschätzen der unterschiedlichen Distanzen zwischen den Sprüngen bedeutet für unsere Hunde Präzisionsarbeit. Ein guter Trainer wird bereits mit dem ersten Lernschritt seine Schützlinge darauf vorbereiten. Für meine Hunde habe ich ein Konzept erarbeitet, mit dem wir recht

steuert er seine Aktionen. Ein solider Trainingsaufbau hilft, die angesprochenen Unsicherheiten zu vermeiden und Selbstvertrauen und Geschicklichkeit zu fördern.

Auf die Oberkante des Viadukts werden Elemente in Form von Halbrohrstücken lose aufgelegt. Setzt der Hund nun beim Überspringen auf oder berührt diese Elemente, werden sie eventuell abgeworfen, und das Team handelt sich für diesen Fehler fünf Strafpunkte ein.

Ist der leichtere Röhrentunnel bewältigt, geht es mit dieser positiven Erfahrung im Rücken an den Stofftunnel.

gut gefahren sind. Die einzelnen Lernabschnitte sind bei mir für Junghunde und erwachsene Hunde gleich. Lediglich in bezug auf den zeitlichen Ablauf wird dem Wachstum des Junghundes unbedingte Priorität eingeräumt.

Zuerst starten Mensch und Hund gemeinsam, und es geht vorerst nur geradeaus. Später folgen leichte Bögen nach links und rechts bis zum extremen Winkel.

VIADUKT UND BUSCHHÜRDE

Das Viadukt und die Buschhürde werden oft an besonders exponierter Stelle im Parcours plaziert. Durch ihre besondere Bauweise können diese Geräte die Hunde leicht in Konflikte führen. Vor diesen Geräten ist dem Hund die Sicht für den weiteren Parcoursverlauf versperrt. Erst wenn er sich über dem Gerät befindet, hat er wieder freie Sicht. Das Vorbeilaufen, Stehenbleiben vor dem Hindernis oder Durchlaufen der Öffnungen im Viadukt kommen im Turnier nicht selten vor. Laut Reglement handelt es sich dann jeweils um eine Verweigerung. Gehen Sie einmal vor diesen Geräten in die Hockstellung. Das ist etwa die Sicht des Hundes, und aus dieser Perspektive

Im Stofftunnel ist es finster.

Das Auge muß sich fix auf Tageslicht umstellen.

Auch von Minihunden muß der Stoffsack leicht zu öffnen sein.

Der Weitsprung besteht aus mehreren Elementen, die in ansteigender Linie mit Zwischenabstand in einer reglementierten Distanz aufgestellt werden. Die vier Ecken werden mit aufrechtstehenden Stangen abgegrenzt. Diese Stangen vereinfachen das eindeutige Erkennen eines regelgerechten Überspringens des Gerätes. Die Abmessungen für Wassergraben und Weitsprung sind für die Mini- und Maxiklasse gesondert festgelegt. Vor dem Wassergraben ist eine kleine Hürde aufgestellt. Sie fördert eigentlich

REIFEN

Der Reifen ist im Parcours ebenfalls unterschiedlich einsetzbar. Wird er unmittelbar vor oder hinter einem Kontaktzonengerät aufgestellt, kann er den Hund zum vorzeitigen Verlassen des Gerätes bewegen. Hier spielen dann die Ebene, z. B. die Position an der A-Wand, auf der sich unser Hund befindet, wenn die Reifenöffnung voll in seiner Blickrichtung auftaucht, und die Perspektive des Hundes eine Rolle. Von Natur aus zieht eine Öffnung – sei es eine Höhlenöffnung oder ein Loch im Zaun – unsere Hunde magisch an. Also: Hohe Aufmerksamkeit ist gefordert, da eine Verleitung

lockt! Wird der Reifen in gerader Linie mit anderen Geräten aufgestellt, die eine Beschleunigung des Hundes geradezu herausfordern, kann diese Anordnung dazu führen, daß der Hund falsch taxiert und zwischen dem Rahmen des Gerätes und dem Reifen durchspringt. Auch das gilt als Verweigerung. Möglichkeiten, zu Fehlerpunkten zu kommen, gibt es reichlich im Agility-Sport.

WEITSPRUNG UND WASSERGRABEN

Mit Weitsprung und Wassergraben lassen sich Schnelligkeit und Konzentration auf der Strecke unterschiedlich beeinflussen.

Bei der Kontrolle an der A-Wand ist es besser, den hundnahen Arm einzusetzen.

Beim Abstieg gilt die Konzentration der roten Kontaktzone. Ein Spielzeug hilft hierbei.

Das Vertrauen zum Gerät wird gefördert. Auch auf dieser Ebene kann der Hund spielen.

einen Hoch-Weit-Sprung. Oft führen jedoch die Bauweise der Geräte und Reihenfolge im Parcours dazu, daß die Hunde die Distanzen unterschätzen und entweder die Geräte überlaufen, zwischendurch aufsetzen oder beim Weitsprung ein oder mehrere Elemente umwerfen. Letzteres Verhalten ist ein Parcoursfehler, die vorhergehenden Ausführungen sind Verweigerungen und werden auch so gewertet. Beide Geräte sind im Parcours so aufzustellen, daß sie in gerader Linie zum vorhergehenden Gerät anzulaufen sind.

SLALOM

Der Slalom besteht aus acht, zehn oder zwölf Stangen, die im Abstand von 50-65 cm in gerader Linie auf einer Metallschiene mit der geeigneten Vorrichtung aufgestellt werden.

Die exzellente Slalomtechnik eines Hundes begeistert Agility-Sportler und Zuschauer gleichermaßen. Die Art und Weise, wie ein Hund dieses Gerät durchläuft, gibt Aufschluß über seine Trainingsarbeit.

TIP: Ein Hund, der von Beginn an mit dem kompletten Slalomgerät geübt hat, wird selten flüssig und selbständig einen Slalom arbeiten können. Für das Training bieten sich die Tunnel- und die Angelstockmethode an, die ich im nächsten Kapitel beschreibe.

Mit diesen Alternativen aufgebaut und entsprechend motiviert, fädelt der Hund selbständig richtig ein und schnurrt blitzschnell durch das Gerät. Mir drängt sich der Vergleich mit der Präzision und Geschwindigkeit einer gutgeölten Nähmaschine auf.

Fehlerhaftes Einfädeln bedeutet eine Verweigerung. Torfehler werden nur einmal angezeigt. Da der Hund dieses Gerät nur nach korrekter Passage verlassen darf, wird er durch den Zeitaufwand zusätzlich bestraft. Fehler in der Führtechnik lassen sich selbstkritisch verbessern.

Das Agility-Regelwerk ist unbarmherzig, jedoch der Sport selbst schafft spielend den Ausgleich!

TISCH

Auch dem Tisch kommt im Parcours seine spezielle Bedeutung zu. Die Höhe des Gerätes ist für Mini- und Maxihunde unterschiedlich. Die Abmessungen des Gerätes sind, wie natürlich für alle im Parcours zu verwendenden Geräte, im aktuellen Reglement der FCI oder national festgelegt.

Der Hund muß eine vorher festgelegte Position, z. B. Sitz, Platz oder Steh, fünf Sekunden auf dem Tisch sicher halten. Der Tisch darf im Parcours lediglich von drei Seiten angelaufen werden. Es droht auch hier die Gefahr einer Verweigerung.

Für die Fortsetzung des Laufes darf der Hund den Tisch nach allen Seiten verlassen. Dabei muß es sich nicht um die Laufrichtung handeln.

Der Agility-Richter kann diesen Tisch aus taktischen Gründen einsetzen. Durch den Einsatz des Tisches im Parcours wird der Aktionsfluß unterbrochen. Das kann zum Nutzen für die folgenden Aktionen sein. Es kann sich jedoch auch als nachteilig erweisen. Das ist bei solchen Teams der Fall, die sehr langsam zu Harmonie und Rhythmus finden. Bei ihnen geht durch diese Ruhephase der bisherige Fluß verloren.

Der Laufsteg – im Vergleich mit der A-Wand ein Balanceakt

Möchte der Agility-Richter dem Parcours eine besondere Richtungsänderung an bestimmter Stelle geben, könnte er auch aus diesen Überlegungen einen Tisch einsetzen. Der Richter wird das Für und Wider genau abwägen.

FLYBALL

Als sehr gutes Training für die Motivation und Reaktionsschnelligkeit der Hunde hat sich das Flyball-Spiel erwiesen. Für die Zuschauer ist es zudem ein attraktives Wettkampfgeschehen, in dem sie ihre Favoriten auch

Auf- und Abstieg müssen im gleichen Tempo absolviert werden.

Für dieses Team ist die schmale Planke eine Ebene wie jede andere. In flottem Tempo geht es über den Laufsteg.

DAS FCI-REGLEMENT

Im FCI-Reglement sind folgende Punkte geregelt:

A) Allgemeine Verfassung
B) Agility-Reglement der FCI
- Einführung
- Strecke
- Allgemeines
- Streckenverlauf
- Ablauf der Wettbewerbe
- Wahl der Standardzeit für die Strecke
- Verlauf der Prüfungen
▶ Hindernisse
▶ Beurteilungen
- Allgemeines
- Strafbestimmungen
- Fehler, die zum Ausschluß führen
- Fälle von höherer Gewalt
▶ Qualifikationen/Agility-Diplom/Auszeichnungen

▶ Klassierung
▶ Organisation eines Wettbewerbes
▶ Allgemeine Zulassungsbedingungen zu den Wettbewerben
▶ Prüfungskategorien und Arbeitsklassen
- Anerkannte Agility-Prüfungen
- Nicht anerkannte Agility-Prüfungen
C) Agility-Weltmeisterschaft der FCI
- Organisation
- Prüfungen für die Agility-Weltmeisterschaft
- Anmeldung
- Tierärztliche Kontrolle
- Leistungsheft oder Lizenz
- Jury
- Auszeichnungen
D) Plan der Hindernisse

anfeuern können. Es geht hierbei um folgendes: Die Hunde überspringen vier Hürden, betätigen die Vorrichtung eines Kastens, fangen den herausspringenden Ball auf und kehren dann über dieselben Hürden zu ihrem Ausgangspunkt zurück.

Diese junge Sportart wurde Mitte 1990 vom britischen Kennel Club mit dem amerikanischen Flyball-Reglement aufgenommen. Neben Rassehunden dürfen auch Mischlinge an den Wettbewerben teilnehmen.

Zwei Mannschaften treten gleichzeitig auf zwei parallel aufgebauten Parcours gegeneinander an. Der schnellste von drei Durchgängen entscheidet, welches Team in die nächste Runde kommt. Der zweite Hund darf erst starten, wenn der erste die Start- und Ziellinie überquert hat. Jede Mannschaft besteht aus vier „Stammspielern" (Hunden),

Hier geht es bedächtiger zu.

Teilnehmen dürfen alle Hunde ab einem Mindestalter von einem Jahr. Die Höhe der Hürden wird immer so eingestellt, daß sie 10 cm unter der Schulterhöhe des kleinsten Hundes der Mannschaft liegt (zwischen 20 und 40 cm). Der Abstand zwischen der Start-/Ziellinie und dem ersten Sprung beträgt zwei Meter, der zwischen den anderen Hürden drei Meter. Die Flyball-Box ist vom letzten Hindernis fünf Meter entfernt.

DAS REGLEMENT

In den folgenden Zeilen möchte ich Sie einerseits mit wichtigen Informationen über das Reglement des Agility-Sports versorgen, andererseits diesen Beitrag nicht mit Regeln, Richtlinien und Bestimmungen überfrachten. Sicher ist Ihnen aufgefallen, daß ich bei der Be-

Auf der Wippe nach dem Kipp-Punkt: Hund und Führerin strahlen starkes Selbstvertrauen aus.

sollte aber noch einen oder zwei Reservespieler zur Verfügung haben.

Wie auch bei Agility, sollten läufige Hündinnen nicht an Wettkämpfen teilnehmen – das würde doch zu einiger Unruhe auf dem Platz führen.

TIP: Die Hunde sollten ein geeignetes Halsband tragen, an dem man sie zurückhalten kann, wenn sie aufgeregt auf ihren Start warten. Sie sollten nicht am Nacken oder anderen Körperteilen festgehalten werden.

Er arbeitet sich konzentriert an die Kontaktzone heran.

Konzentration und Disziplin kosten u. U. Zeit, aber eine fehlerfreie Arbeit ist ein Erfolg.

schreibung der Geräte auf jegliche Maßangaben verzichtet habe. Das hat seinen Grund, und etwas später kommen wir darauf zurück. Wenn wir das Reglement ansprechen, meinen wir damit das Agility-Reglement der Fédération Cynologique Internationale (FCI): Es ist für alle Länder, die der FCI angehören und Agility betreiben, verbindlich. Einige unserer Nachbarländer und auch Deutschland haben zusätzlich noch durch ihre jeweilige Dachorganisation ein nationales Reglement festgelegt. In diesem Reglement werden die Dinge geregelt, welche aus der Sicht des jeweiligen Landes wichtig sind. Das sind z. B. nationale Meisterschaften, Qualifikationen, Beginner- und Seniorenklassen. In Deutschland ist der Verband für das Deutsche Hundewesen (VDH) die nationale Dachorganisation. Alle sportrelevanten Belange werden dort in der Arbeitsgemeinschaft der Zucht- und Gebrauchshundesport-Verbände (AZG) behandelt. Nachdem wir uns nun eine kleine Übersicht über die Zuständigkeit verschafft haben, wollen wir uns mehr mit dem sportlichen Teil des Reglements der FCI befassen. Seit gut zwei Jahren ist das FCI-Reglement etwas in Bewegung geraten. Beschlüsse bezüglich der Höhe und Weite einiger Geräte wurden zwar gefaßt,

Auch Schlittenhunde geben gute Sportler ab.

Alternatives Trainingshindernis für erfahrene Hunde

den Geräten halte ich den Großteil dieser Rassen für wenig geeignet, um Agility langfristig betreiben zu können. Ich beziehe mich dabei in erster Linie auf die körperlichen Voraussetzungen. Sicher gibt es Ausnahmen, aber diese Hunde kommen ebenso mit dem bisherigen Angebot zurecht.

Viel wichtiger erscheint mir ein Überdenken der momentanen Einteilung zwischen Mini- und Maxiklassen. Der Zulauf an kleinen Hunden mit einer Schulterhöhe, die wesentlich unter 40 cm liegt, ist einerseits recht hoch. Auf der anderen Seite haben wir sehr viele Hunde mit einer Schulter-

Die Maße der Hürden sind für große Hunde...

jedoch nicht offiziell von allen Ländern sogleich umgesetzt. Die Arbeitsweise für z. B. den Weitsprung ist in bezug auf die Fehlerbewertung nicht eindeutig beschrieben. Der eindeutige Hinweis für das Bewerten eines Hundes, der zwischen den Elementen seine Pfoten auf den Boden setzt, fehlt. In Frankreich läuft auch ein Pilotprojekt. Es erfaßt die sehr großen Hunde, wie z. B. Bernhardiner, in einer separaten Klasse. Mit dieser Idee kann ich persönlich recht wenig anfangen. Ohne gravierende Änderungen an

...anders als für kleine Hunde, wie z. B. für diesen Spitz.

MINIS UND MAXIS

In der Kategorie Mini-Agility gelten die gleichen Vorschriften wie oben, aber die Hindernisse müssen den festgelegten Normen für Mini-Agility entsprechen. Als Minihunde gelten Hunde mit einer Widerristhöhe bis 40 cm.
Es kann vorkommen, daß ein sehr leichter Minihund die Wippe nicht zum Kippen veranlassen kann. In diesem Fall muß sich der Richter vor dem Wettkampf vergewissern und gegebenenfalls das Gerät mit einem Gegengewicht ausstatten lassen.

Der Reifen sollte stets in gerader Linie angelaufen werden.

höhe zwischen 35 und 50 cm. Agility bietet meiner Meinung nach kein geeignetes Angebot für diese Gruppe, die ich einmal als „Mittelklasse" bezeichnen möchte. Zugegeben, es ist etwas spekulativ, jedoch kann man über die Einrichtung einer solchen Klasse ruhig einmal nachdenken.
Sie sehen, es ist einiges in Bewegung. Wahrscheinlich einigen sich die Damen und Herren der FCI-Agility-Kommission schon bald über die verschiedenen Dinge, so daß dann ein verbindliches Reglement zur Verfügung steht. Wenn dann jetzt in meine Beschreibungen bestimmte Abmessungen einfließen würden, könnten Sie eventuell mit unrichtigen Informationen versorgt sein. Darum habe ich mich entschieden, Maßangaben wegzulassen. Ihr Trainer wird sich ohnehin mit den aktuellen Informationen versorgen, damit er gute Arbeit leisten kann.

Bei der Buschhürde weiß er nicht, was ihn dahinter erwartet.

Die Stangenhürde: Die Verlockung, zu unterlaufen, ist groß.

12 Stangen im Abstand von 50–60 cm: Jeder Hundetyp bevorzugt seine eigene Slalomtechnik.

ANERKANNTE PRÜFUNGEN

Zu den anerkannten Prüfungen zählt man die Prüfungen in den Stufen A1, A2 und A3 nach FCI-Reglement. Diese Prüfungen stehen Hunden aller Rassen offen, die mehr als 15 Monate alt sind, in einem durch die FCI anerkannten Zuchtbuch eingetragen und mit einem durch ein Mitglied ihrer Landes-Dachorganisation ausgehändigten Leistungsheft versehen sind.

Agility-1
Diese Klasse ist der erste Grad der FCI-Leistungsstufen. Der Aufstieg aus der Agility-Klasse 1 in die Klasse 2 kann nur erfolgen, wenn auf termingeschützten Veranstaltungen dreimal ein vorzügliches Ergebnis in A1 bei maximal fünf Fehlerpunkten unter zwei verschiedenen Richtern zuerkannt wurde.

Agility-2
Aus der Agility-Klasse 2 kann der Aufstieg in die Klasse 3 nur dann erfolgen, wenn folgendes erreicht wurde:
a) Der Hund wurde in drei verschiedenen A2-Prüfungen von zwei verschiedenen Leistungsrichtern mit „vorzüglich" bewertet.
b) Die drei verschiedenen Prüfungen waren neben der vorzüglichen Bewertung auch fehlerfrei (weder Parcours- noch Zeitfehler oder Verweigerungen).
c) In diesen drei verschiedenen Prüfungen belegte der

Bis zum selbständigen Durchlaufen sind viel Geduld und Training gefragt.

Hund einen der ersten drei Plätze in seiner Klasse.

Agility-3

Diese Klasse ist etwas für Könner: An A3-Prüfungen können nur Teams teilnehmen, die mindestens dreimal in einer A2-Prüfung unter zwei verschiedenen Richtern auf einem der ersten drei Plätze waren. Außerdem müssen sie dabei fehlerlos bleiben.

Die drei Agility-Grade unterscheiden sich in der Schwierigkeit und Länge des

Flyball hat sich als sehr gutes Zusatztraining erwiesen.

Gut für Spiel- und Beutetrieb

Perfekt gefangen!

Streckenverlaufes und in der Bewegungsgeschwindigkeit, die die Standardzeit für die Strecke festlegt.

NICHT ANERKANNTE PRÜFUNGEN

Hierunter fallen z. B. Jumping-Wettkämpfe oder die verschiedenen Spiele. Sie sind der Initiative der einzelnen Vereine überlassen. Diese nicht anerkannten Prüfungen müssen im Sinne von Agility bleiben und die Sicherheit von Hund und Hundeführer gewährleisten. Der Prüfungsrichter gibt die Regeln vor jeder Prüfung genau bekannt. Die Bewertung von nicht anerkannten Prüfungen kann dem Standard entsprechen oder dem

Typ der Prüfung angepaßt sein.

OFFENE WETTBE-WERBE

Offene Wettbewerbe sind alle Wettbewerbe außer den A1-, A2- und A3-Prüfungen (Mini- und Maxiklasse). Sie werden vom Schwierigkeitsgrad so gehalten, daß sie von allen Teams sicher zu durchlaufen sind. Es ist dem Veranstalter überlassen, wie viele offene Wettbewerbe und welcher Art er zusätzlich durchführt. Für die Teams besteht somit die Möglichkeit, nicht nur an einem Wettbewerb teilzunehmen. Für die Teilnahme an einem offenen Wettbewerb sind jeweils die für diesen Wettkampf festgelegten Bestimmungen gültig. Mit Begriffen wie *Monopoly*, *Time is out*, *Golden Slalom*, *Rund um die Uhr* und *Double Duck* werden Sie in den Spielen vertraut. Oft werden die gleichen Spiele an einem anderen Ort unter anderen Bezeichnungen gespielt.

MEISTERSCHAFTEN

In den Verbänden des Deutschen Hundesportverbandes (dhv) wird jährlich eine Deutsche Meisterschaft durchgeführt. Die Vorqualifikation für diese Meisterschaft und die Siegerermitt-

Blitzschnelles Einnehmen der Positionen bedeutet Zeitgewinn.

lung ist im dhv-Agility-Regelwerk festgelegt. In einigen unserer Nachbarländer gibt es ähnliche Meisterschaften, wie z. B. die Österreichische Staatsmeisterschaft. Masters- oder Bundesligaveranstaltungen runden ein reichhaltiges sportliches Angebot ab.

HUNDESPORT- UND RASSEZUCHTVER-BÄNDE IN DEUTSCH-LAND

Wie wir eingangs feststellen konnten, liegt der Hundesport in Deutschland zum einen in den Händen der entsprechenden Rassezuchtverbände. Nehmen wir z. B. die Jagd- und Gebrauchshunderassen: Das Sportgeschehen ist in diesen Verbänden auch mit der Zuchtförderung und Selektion zu verbinden.

Gemeinsames Slalomtraining empfehle ich Teams, die auf permanenten Kontakt angewiesen sind, z. B. bei Späteinsteigern.

Nur die Verbände des Deutschen Hundesportverbandes verfolgen allein die sportlichen Ziele, da sie kein Zuchtverband sind. Die Gebrauchshunde-Zuchtverbände und die Verbände des Deutschen Hundesports entscheiden in einer gemeinsamen Kommission des Verbandes für das Deutsche Hundewesen (VDH) u. a. über die nationalen Prüfungsreglements. Diese Kommission ist die Arbeitsgemeinschaft der Zucht- und Gebrauchshundesport-Verbände (AZG).

Noch liegt er nicht richtig in der vorgeschriebenen Position.

Neuerungen und Änderungen im Sportbereich werden hier vorgelegt und letztlich entschieden.

In Deutschland war der Hundesport mit seinem Prüfungsreglement lange Zeit ein Kriterium für die Zucht der verschiedenen Rassen. Im Vergleich mit diesen Rassehunden konnten sich in den Hundesportverbänden auch Mischlinge mit entsprechenden Veranlagungen messen. Allerdings war dies alles sehr leistungsbezogen.

Das Tor für den Fitnessgedanken und für den Freizeitsport wurde durch den Breitensport mit dem Hund aufgestoßen. Hundesport als moderne Freizeitgestaltung war schon ein gewaltiger Erdrutsch für die Etablierten.

Für die ersten Vereine war die Beschaffung der Geräte ein Problem, das – wie seinerzeit in England – mit einem Sponsor, durch Unterstützung der Effem GmbH, gelöst wurde.

AGILITY-PLÄTZE

Sie möchten mit Ihrem Hund Agility beginnen, wissen aber nicht, wohin Sie sich wenden sollen? Der Deutsche Hundesportverband e. V. nennt Ihnen gern einen Übungsplatz in Ihrer Nähe. Sicherlich wird nicht

Tatkräftig wird der Hund am Laufstegaufgang unterstützt.

Sie ein regelgerechtes Equipment. Für den Anfang reicht sicher die Standardbestückung. Später werden Sie sich noch einige Hürden zusätzlich anschaffen. Viele Vereine halten zehn Stangenhürden bereit. Ein zusätzlicher zweiter Röhrentunnel ist ebenfalls sinnvoll. Unsere Stofftunnel sind nicht allen Witterungsbedingungen gewachsen. Sinnvolles Trainingsgerät habe ich bereits erwähnt.

MITGLIEDSCHAFT IM VEREIN

Aus den vorhergehenden Zeilen läßt sich unschwer erkennen, daß Agility als Einmannunternehmen höchst ungeeignet ist. Der Geräteaufwand, das sorgfältig abgestimmte Training und letztlich die Teilnahme an Veranstaltungen machen eine Mitgliedschaft in einem

Sie sollten in geeignetes Zubehör investieren.

jeder Interessierte einen Agility-Übungsplatz direkt um die Ecke finden, aber die Chancen, daß dort bald einer entstehen wird, stehen nicht schlecht. Diese Plätze werden von Hundevereinen betrieben. In der Regel müssen Sie dem Verein beitreten, da schließlich das Betreiben und Instandhalten eines Platzes Kosten verursacht.

Wenn Sie andererseits bereits in einem Verein sind und mit Ihren Vereinsfreunden einen Agility-Platz planen, sollten Sie folgendes beachten:
Um Agility offiziell betreiben zu können, ist es schon im Interesse der mitbetreibenden Sportsfreunde wichtig, sich stets mit dem aktuellen Reglement zu versorgen. Des weiteren benötigen

Der Slalom ist nicht einfach.

Für hohe Sprünge ist eine gute Zusammenarbeit zwischen Team und Trainer erforderlich.

der sporttreibenden Verbände erforderlich. Jeder Hund, der im Agility starten soll, benötigt eine Lizenz oder eine Leistungskarte. Diese bekommt man nur durch eine entsprechende Mitgliedschaft.

Jedoch ganz andere Dinge erscheinen mir dabei wichtiger. Es ist die Kommunikation mit Gleichgesinnten, die Möglichkeit, Erfahrungen sammeln und umsetzen zu können. Wenn ich persönlich zurückblicke, erkenne ich, welchen Einfluß der Hundesport und letztlich Agility auf mein Leben genommen haben: Ich habe eine Reihe interessanter Reisen gemacht, viele neue Menschen kennengelernt und wertvolle Freundschaften geknüpft. Und immer neue Aufgaben warten. Agility ist Bewegung!

DER TRAINER

Wie in allen anderen Sportarten ist auch im Agility Ihr Trainer das Bindeglied zwischen dem Verein und seinen Strukturen und dem aktiven Sportgeschehen. Er fühlt sich für Ihren Hund und seine sportliche Entwicklung verantwortlich. Damit er Sie beide als Team zusammenführen kann, werden von ihm kynologische Kenntnisse erwartet. Ebenso soll er in der Menschenführung sattelfest sein.

Von einem Trainer wird erwartet, daß er immer ein gutes Konzept parat hat. In Deutschland muß er sich in Seminaren schulen, um ei-

nen VDH-Sachkundenach-
weis zu erlangen: Nur dann
ist er auch in die Position eines Trainers wählbar. Er
muß sehr viel Zeit um den
Sport herum opfern, und
seine Familie sollte Ver-
ständnis für sein Hobby
aufbringen.
Jeder gute Trainer wird
bemüht sein, eine harmoni-
sche Stimmung im Trai-
ningsbetrieb zu schaffen. Er
wird immer wieder versu-

Gelegenheiten zum Toben gibt es im Verein bestimmt.

**Jugendarbeit im Verein: gut
für Kind und Hund**

**Gemeinsamer Unsinn macht
hier Sinn.**

chen, seine Schützlinge zu
motivieren.
Oft hat der Trainer es schwer
mit den Übereifrigen, die
unbedingt starten wollen,
obwohl man ihnen noch et-
was Zeit einräumen sollte.
Für die ersten Starts in einer
Agility-Klasse bedarf es in
einigen Verbänden der Un-
terschrift des Trainers auf
der Anmeldung. Ich befür-
worte diese Maßnahme.
Sehr schnell wird durch
übereifriges, eigenmächtiges
Vorgehen eine gute Vorar-
beit empfindlich gestört.
Enge Zusammenarbeit, die
Festlegung der Ziele und

Koordination der Trainingsabläufe finden zwischen
dem Trainer und dem Hun-
deführer statt. In seinem
Wissen muß der Trainer
stets auf dem neuesten
Stand sein. Der Zustand
und die Neubeschaffung
von Ausrüstungsgegenstän-
den fallen in seine Zuständigkeit. Seinem Vorstand
gegenüber muß der Trainer
Rechenschaft ablegen kön-
nen. Neben seinen fachli-
chen Qualitäten werden
von ihm stets Ausgeglichenheit und Disziplin erwartet.
Ein toller Job – möchten Sie
ihn?

Agility Schritt für Schritt

Wie lernt mein Hund die Übungen?

Jeder Beobachter eines Agility-Wettbewerbs ist fasziniert von der scheinbaren Leichtigkeit, mit der die Hunde die Übungen ausführen. Voraussetzung dafür ist ein gut durchdachtes und mit Geduld und Lob durchgeführtes Training. Motivation und Bestätigung sind Bausteine für den Erfolg.

Jeder gesunde Hund möchte aktiv sein. Sind Sie dabei?

MOTIVATIONSMITTEL

Hilfsmittel zur Motivation werden der jeweiligen Triebveranlagung entsprechend eingesetzt. Es beginnt damit, daß man beim Hund Neugier und das Bedürfnis, einen Gegenstand zu erbeuten, weckt. Das kann z. B. so aussehen, daß er mit seinem Lieblingsspielzeug durch den Röhrentunnel gelockt wird. Mit fortschreitendem Training wird es dem Hund immer mehr erschwert, diesen Gegenstand zu bekom-

Beim Welpen sollte das Training spielerisch ausfallen.

Dieser Reifensprung zeugt von sehr guter Praxis.

Trainingsbeginn: auf niedrigster Ebene und immer mit Trainer

men. Es darf jedoch nie dazu führen, daß der Hund resigniert! Im Moment seiner besten Aktion wird er erfolgreich bestätigt. Auf diese Weise steigern wir seine Motivation.

Wir bauen Spannung beim Hund auf, indem er z. B. einen Gegenstand - sein Triebmittel -, welcher in einiger Entfernung von ihm abgelegt wird, unter freudigem Anfeuern durch seinen menschlichen Partner schnell abholt. Mit zunehmender Fertigkeit wird die räumliche Distanz zwischen Hund und Gegenstand vergrößert. Auch die Zeitspanne zwischen dem Ablegen des Gegenstandes und dem Zeitpunkt des Abholens wird heraufgesetzt. Das Lernziel ist eindeutig hohe Aufmerksamkeit, schnelles Hinlaufen und Aufnehmen.

KONDITION DURCHS SPIELEN

Folgendes Spiel dient einem anderen Zweck: Wieder konzentrieren wir unseren Hund auf das Spielzeug und

Belohnungen sind enorm wichtig.

werfen es weg. Der Hund wird schnell hinterherlaufen und es holen wollen. Hat er es erreicht, rufen wir ihn, zeigen ihm ein weiteres Spielzeug und locken ihn. Ist er nah genug heran, werfen wir es weiter in seiner Laufrichtung. Da unser Ziel nicht ein exaktes Apportieren ist, haben wir ein interessantes Spiel für den Hund und seine Kondition.

TIP: Es gibt speziell für Hunde gut geeignetes Spielzeug. Verwenden Sie niemals Stöcke, die Verletzungsgefahr ist einfach zu groß!

Viele Triebspiele mit Ball lassen sich im Agility verwenden.

AUFMERKSAMKEIT STEIGERN

Die Aufmerksamkeit des Hundes kann gesteigert werden, wenn der Mensch diese Gegenstände dem Hund kurz zeigt, sie ihm schmackhaft macht und sie dann schnell mit den Händen hinter seinem Rücken versteckt. Auf dieses schnelle wechselhafte Hervorbringen rechts und links wird unser Hund blitzschnell zu reagieren versuchen. Im Moment seiner größten Aufmerksamkeit soll er den Gegenstand erwischen. Dann wird er überschwenglich gelobt und bestätigt.

Unser Hund soll laufen, springen, sitzen, liegen und stehen, wenn wir es wünschen und weil es ihm mit uns Spaß macht. Macht er diese Dinge aus dem Bewußtsein „Sonst hört der Spaß auf", haben wir unser Lernziel verfehlt.

GERÄTESICHERHEIT

Das Vertrauen zu den unterschiedlichen Agility-Geräten muß von Beginn an hergestellt werden. Es empfiehlt sich, das Training in Gruppen abzuhalten. Konfliktsituationen werden weitestgehend vermieden oder fachgerecht entschärft.
Während nun der eigene Hund positive Dinge erlebt,

fließen die Geräusche und Laute der anderen Teilnehmer ganz beiläufig ein und werden später nicht weiter beachtet. Somit lernt der Hund von Beginn an, unter Ablenkung zu agieren. Unterschiedliche Materialien und Gerätschaften liegen

und stehen verstreut auf dem Boden herum. Spielend durchläuft unser Hund verkürzte Tunnel und lernt den Belag der Kontaktzonengeräte ganz beiläufig kennen. Jedes Gerät befindet sich für die Anfängerhunde auf niedrigstem Niveau.

Sich selbst klein zu machen erleichtert dem Hund das gemeinsame Spiel.

„Schritt für Schritt nach unten" scheint die Devise.

Spielend lernt er unterschiedliche Laufflächen und Ebenen
kennen.

Mit Stimme und Spielzeug
wird er unterstützt und motiviert.

TRIEBMITTEL RICH-
TIG EINSETZEN

Zu den Triebmitteln im
Hundesport gehören Bälle –
z. T. an kurzen Kordeln –,
Beißwülste oder -ringe, Fris-
beescheiben … Der Markt
hält sinnvoll durchdachtes
Spielzeug und natürlich
auch Futterbrocken parat.
Diese Dinge werden je nach
Situation und Hund unter-
schiedlich eingesetzt: Vor einer Übung werden sie dem

Hund zur Motivation ge-
zeigt, während des Übungs-
ablaufes als Ansporn, und
am Ende erhält er sie als
Lob und zur Bestätigung.
Am Anfang vielleicht nach
jeder gelungenen Aktion –
natürlich gehört das über-
schwengliche verbale Lob in
jedem Falle dazu –, später
finden die Triebmittel nur
noch gezielt Anwendung.
Speziell das Loben des Hundes wird oft spartanisch ge-
handhabt. Ich wundere
mich über Menschen, die
im täglichen Leben, in Beruf
und Schule gelobt werden
wollen, jedoch selbst sehr
sparsam loben. Im Agility
darf man Gefühle zeigen.
Schmunzelnd beobachte ich
oft Sportler, die ihrem Hund
bereits vor dem Start ein
Leckerli verabreichen. Was
mögen sie wohl belohnen?

POSITIVE VERSTÄR-
KUNG

Zugegeben, als ich zum er-
stenmal in der Hundeerziehung mit dem Begriff „Verstärkung" konfrontiert wurde, konnte ich ihn nicht genau einordnen. Zum Glück
gibt es ja die Literatur. So
kam ich über die Verhal-
tensforschung und Erzie-
hungswissenschaft wieder
auf ein Hundebuch von Dr.
Roger Mugford, „Hundeer-
ziehung 2000", in dem er
sehr verständlich das Prin-

TRAININGS-
AUSRÜSTUNG

Im Training trägt der Hund
Halsband und Leine. Die
Leine gibt ihm Sicherheit.
Für das Training und später
für den Wettkampf gibt es
verschiedene Halsbänder
und Leinen. Scheuen Sie
diese Ausgabe nicht, das
richtige Zubehör erleichtert
Ihre Trainingsabläufe.
Zweckmäßige Kleidung
gehört ebenso zu Ihrer Ausrüstung wie entsprechen-
des Schuhwerk. Da Übungs-
plätze selten so eben wie
Billardtische sind, sollten
auch Ihre Bänder und Ge-
lenke geschützt sein.

zip der Verstärkung be-
schreibt. Für mich ist die Er-
kenntnis interessant, daß
ich nach dieser Methode oft
genug vorgehe, ohne mir
dieser Tatsache bewußt zu
sein. Wird also das Verhalten unseres Hundes ver-
stärkt, folgt in der Regel darauf die Wiederholung. Lo-
gisch ist natürlich, daß auf
diese Weise positives und
negatives Verhalten verstärkt
werden können. Also wer-
den wir darauf achten, nur
erwünschtes Verhalten zu
verstärken.
Zur Verstärkung des uner-
wünschten Verhaltens führt
oft die Nachlässigkeit und
Unbesonnenheit des Men-
schen. Konfliktsituationen
für den Hund sind die Folge.

Der wichtige Aspekt dieser Methode liegt in der Kontinuität und in der Beziehung des Verhaltens zu seinen Folgen. Werden also die Folgen verstärkt, festigen wir so das Verhalten. Je lückenloser der Zusammenhang aus Verhalten und Folgen, um so erfolgreicher greift das Prinzip der Verstärkung.

Über das Loben und Belohnen läßt sich eine Menge sagen: Oft beobachte ich den falschen Zeitpunkt oder das Fehlen dieser Verstärkung. Da trägt der Mensch zum Beispiel eine schöne Weste mit vielen Taschen daran, und wenn er seinen Hund für ein positives Verhalten belohnen möchte, findet er das entsprechende Mittel nicht sofort. Die Folge: Der Hund bekommt seine Belohnung mit Verspätung. Möglicherweise ging zudem

Der Trainer führt die Leine und leitet das Zusammenspiel an.

gerade noch eine Unart des Hundes voraus – peinlich! Sortieren Sie Ihre Utensilien, denn sie sollen sofort greifbar sein.

TIP: Üben Sie in kleinen Lernschritten. Vergessen Sie jeglichen Zeitplan. Beenden Sie den Lernschritt im Moment des Erfolges mit überschwenglichem Lob.

Läßt der Erfolg zu lange auf sich warten, war der Schritt möglicherweise zu groß, oder andere Faktoren blockieren den Erfolg. Wenn Sie dann einen oder mehrere Lernschritte zurück auf das gewohnte Pensum gehen,

stellen sich Erfolg und Konzentration von selbst wieder ein. Darauf kann man nicht oft genug hinweisen.

TISCHARBEIT

Zu den frühen Aufgaben gehört das Erlernen der Positionen auf dem Tisch. Von klein auf kann der Hund hier – weil er ja gereinigt, gepflegt und liebkost werden will – an die Positionen Sitz, Platz und Steh herangeführt werden. Mit Unterstützung durch die entsprechende Motivation wird er später die jeweilige Position blitzschnell einnehmen. Wir messen in den Wettkämpfen oft mit elektronischer Zeitmessung. Die Pla-

Anfängertraining an der A-Wand: Der Ball ist das Wichtigste.

Das Austarieren will gelernt sein. Später steuert er die Wippe selbständig.

Erste Schritte auf schmalem Steg – auch hier durch Spielzeug motiviert.

zierung erfolgt teilweise nach Hundertstelsekunden, und dennoch gönnen sich etliche Zeitgenossen den Luxus ganzer Sekunden, bis ihr Hund die geforderte Position auf dem Tisch eingenommen hat. Das ist schwer nachvollziehbar.

WELCHES GERÄT WANN?

Die physische und psychische Entwicklung unseres Hundes sind unbedingt in das Aufbautraining einzubeziehen. Sehnen und Bänder sollen sich festigen, und eine entsprechende Muskulatur soll sich entwickeln. Daher ist beim Junghund das gezielte Sprungtraining und die Abstimmung der Sprungtechnik so lange wie möglich hinauszuzögern. Auch mit dem Slalom sollte man erst spät beginnen, da er die Wirbelsäule stark beansprucht.

Die Trainingsdauer ist genau auf beide, Mensch und Hund, abzustimmen – besonders beim Hund darf auf keinen Fall Lustlosigkeit auftreten.

Die verschiedenen Geräte im Agility unterliegen einer hierarchischen Anordnung, was das Training betrifft. Anhand der Kontaktzonengeräte (A-Wand, Laufsteg und Wippe) möchte ich das erklären.

A-WAND

Grundsätzlich beginnt das Gerätetraining auf niedrigster Ebene. Für Anfänger und junge Hunde lege ich die Teile flach auf den Boden. Der Hund soll sich mit der Materialbeschaffenheit und den Laufgeräuschen vertraut machen. Von Beginn an lernt der Hund, das Gerät in gerader Linie anzulaufen. Der Trainer führt die Leine, der Hundeführer bekommt von Anfang an seine spätere Funktion: Er muß die Hände frei haben für das Loben und Motivieren seines Hundes.

Die A-Wand ist das breiteste Gerät und bietet die größte Sicherheit. Erst wenn sich der Hund in bezug auf das Gerät völlig sicher fühlt, wird es langsam und schrittweise aufgerichtet. Der Belag muß stets griffig sein.

TIP: Meiner Meinung nach sollte der Zustand der Trainingsgeräte so gut wie möglich sein. Nur so können sich beim Hund Vertrauen und Sicherheit entwickeln und festigen.

Die Steigleisten müssen dem Reglement entsprechen. Die ersten Geräte wiesen bei den Abständen der Steigleisten eine Distanz von 50 cm auf. Seit einiger Zeit soll der Abstand 25 cm betragen. Besonders wichtig ist das für die Minihunde. Jedoch arbeitet die Maxiklasse mit diesen Abständen ebenfalls ökonomisch.

LAUFSTEG

Als zweites Gerät folgt der Laufsteg. Man geht genauso wie bei der A-Wand vor. Allerdings muß sich der Hund auf eine wesentlich schmalere Planke einstellen.

WIPPE

Als letztes wird die Wippe trainiert: Das Beschreiten einer Planke hat der Hund bereits beim Laufsteg erlernt. Hierbei kommt es darauf an, daß der Hund sich langsam fortbewegt, um behutsam mit dem Kipp-Punkt vertraut zu werden. Dabei lernt er die Technik des Tarierens. Bei einem zu schnellen Vorgehen kann ihn das Umschlagen der Wippe leicht verängstigen!

Sein Partner befindet sich im Anfang stets vor ihm und hält dabei direkten Blickkontakt. Nie unter Zeitdruck und stets ohne Streß trainieren!

RÖHRENTUNNEL

Der feste Tunnel wird vor dem Stofftunnel trainiert. Zu Beginn des Trainings wird er auf eine Mindestgröße zusammengeschoben und gerade ausgelegt. Auf diese Weise kann der Hund die Öffnung am anderen Ende sehen. An diesem Ende steht der Hundeführer und lockt ihn. Nach und nach wird der Tunnel dann verlängert, und später werden dann auch Bögen gebildet.

STOFFTUNNEL

Erst wenn der feste Tunnel in gesamter Länge und un-

Die Trainerin gibt Sicherheit, die Sportlerin motiviert ihn.

Ein Anfänger wird mit gutem Zureden durch den geöffneten Stofftunnel gelockt.

Hier ist eine Menge Konzentration gefragt.

terschiedlichen Krümmungen vom Hund akzeptiert wird, folgt der Stofftunnel.

Auch hier erst die verkürzte Variante, am Schluß das komplette Gerät.
Beim Stofftunnel ist es wichtig, daß der Stoff glatt ausgebreitet ist, damit der Hund sich nicht verheddert und in Panik gerät.

HÜRDENTRAINING

Zu Beginn reicht es, einige Hürdenstangen einfach in unterschiedlichen Abständen auf den Boden zu legen. Der Hund lernt sehr schnell, seine Pfoten zu heben. Erst übersteigt er, dann überläuft er, und später überspringt er das Hindernis. Kontinuierlich wird dann die Sprunghöhe bis auf das geforderte Maß gesteigert.
Es beginnt mit einer Hürde, dann folgen zwei und drei Hürden bis hin zu verschiedenartigen Kombinationen. Ich vermeide grundsätzlich das direkte Einwirken auf den Hund. Die Lernschritte werden von mir so gestaltet, daß der Hund für sich das Timing bestimmt, seinen Absprung festlegt und die Höhe sicher überwindet. Meine Stimme und Körperbewegung unterstützen seine Arbeit.
Wir stellen uns bei dieser Gelegenheit folgendes Bild vor: Ein etwa 1,80 m großer Mensch deutet mit der Hand auf eine Sprunghöhe von ca. 50 cm herunter. Der Hund hat eine Schulterhöhe von 60 cm, und dementsprechend ist sein Blickfeld. Nun kommt die Aufforderung – „Spring!" Glauben Sie, daß dieser Hund sicher

Angelstockmethode: Die Stangen werden nach und nach aufgerichtet.

hochspringt, um diese Hürde zu überwinden? Natürlich wird er versuchen zu springen, weil dort ein Hindernis steht. Mit Sprungtechnik hat das aber nichts zu tun.

Mit zunehmender Sicherheit und Tempo werden Sie möglicherweise erkennen, daß Ihr Hund wieder Stangen abwirft. Das ist völlig normal. Der Hund kommt durch seine höhere Laufgeschwindigkeit zu nahe an das Hindernis heran oder springt zu früh ab. In beiden Fällen muß das Timing neu abgestimmt werden. Ihr Trainer wird dieses Problem sehr schnell erkennen und sein Team wieder wettkampfreif einstellen. Das Arbeiten mit Videounterstützung hat sich auch hier hervorragend bewährt.

Zu Beginn des Sprungtrainings können wir uns wieder das geförderte und gestärkte Meuteverhalten des Hundes zunutze machen. Sie erinnern sich noch? Der Rudelführer läuft los, und freudig folgt ihm der Partner Hund.

TIP: Bleiben Sie am Anfang immer unmittelbar bei Ihrem Hund. Er braucht Ihre Hilfe. Verwenden Sie für das Training daher zunächst nur Hürden ohne weite Ausleger.

Ausleger erfordern vom Menschen im Training mit seinem Hund, daß er einen leichten Bogen laufen muß, während sein Hund geradeaus laufen soll. Der Hund ist jedoch auf die Bewegung des Partners Mensch fixiert und folgt ihr. Also wird er versuchen, ebenfalls einen Bogen zu laufen. Das Vorbeilaufen an der Hürde wird ihm quasi vorgemacht. Auch kann sich die Leine leicht verfangen. Dadurch wird der Hund möglicherweise unsanft gebremst.

Später folgt das Abrufen und Voraussenden des Hundes über die Hürden.

Taktik

Sind Sie mit der Technik Ihres Hundes zufrieden, können Sie an der Taktik feilen, damit Sie sich auf jeden Parcoursverlauf optimal einstellen können. Natürlich fällt auch später hier und dort eine Stange. Aber dieses Risiko kalkulieren Sie sicher ein, denn Sie wollen doch mit Ihrem Partner gewinnen. Verlassen Sie nach einem unglücklichen Run den Parcours nie mit einem demoralisierten Hund!

Sicheres, schnelles und intelligentes Agieren begeistert Sportler und Zuschauer. Gönnen Sie uns das Vergnügen, und bereiten Sie sich und Ihren Hund gut auf die Wettkämpfe vor!

Tunnelmethode: Die breite Gasse wird verengt – erste Slalombewegungen.
Unten: Noch leiten ihn die seitlichen Bögen.

Teamarbeit am Tisch: STEH

Das Kommando SITZ

Unterstützung bei PLATZ

SLALOM

Der Slalom ist ein ganz spezielles Gerät und bedarf unserer besonderen Aufmerksamkeit. Weil dieses Gerät die Wirbelsäule des Hundes belastet, sollte das komplette Gerät erst sehr spät erarbeitet werden. Bis dahin möchte ich als alternativen Aufbau die Tunnel- oder die Angelstockmethode empfehlen. Mit einer dieser Methoden sollte der Slalom auch trainiert werden: Ein Training an der Leine mit ständigen Korrekturen am Richtungswechsel läßt ein gelöstes, freudiges Arbeiten nämlich gar nicht erst aufkommen.

Beide Varianten haben Vor- und Nachteile, das hängt auch vom jeweiligen Hund ab. Für beide Methoden gibt es extra konstruierte Geräte. Als erfolgreicher für mich und meine Hunde hat sich die Tunnelmethode erwiesen.

Tunnelmethode

Hierbei werden die Stangen parallelverlaufend, wie ein Tunnel oder eine Gasse, angeordnet, und der Hund durchläuft diese Gasse von oben nach unten. Er wird entsprechend motiviert und behält von Beginn an ein flottes Arbeitstempo bei, das sich später noch steigern läßt. Nach und nach geht man zu einer Trichterbildung über, und die Seiten werden durch Bänder abgesichert, um ein Ausscheren des Hundes zu vermeiden. Zu gegebenem Zeitpunkt wird dem Hund zusätzlich der Einstieg zum Slalom aus unterschiedlichen Winkeln ermöglicht. Das ist für den späteren Wettkampf sehr wichtig. Nach kontinuierlichen Übergängen steht am Ende das komplette Gerät.

Angelstockmethode

Mit etwas Phantasie versuchen wir, diesen Begriff mit Agility zu verknüpfen. Man neigt die Slalomstangen, die sich in gerader Linie und gleichem Abstand zueinander befinden, abwechselnd nach links und rechts im gleichen Winkel zum Erdboden. Ähnlich stecken die Angler ihre verschiedenen Ruten in das Ufer oder in die Seitenhalterungen des Bootes während des Angelns, daher der Begriff. Typisch englisch, finden Sie nicht? Zuerst lernt der Hund den Abstand der Stangen kennen. Nach und nach werden die Stangen aufgerichtet, und mit dem Körperkontakt mit den Stangen folgt automatisch eine Slalombewegung. Zudem lernt der Hund, das Gerät aus verschiedenen Positionen anzusteuern - für eigenständiges Arbeiten sehr wichtig.

Der hundnahe Arm unterstützt die Kontaktzonenarbeit.

VOM LEICHTEN ZUM SCHWEREN

Am Beispiel der Kontaktzonengeräte habe ich versucht, einen logischen Trainingsaufbau darzustellen. Für die übrigen Geräte finden sich ähnliche Lernschritte. Als wichtige Voraussetzung betrachte ich, daß jedes Gerät individuell auf jeden Hund und jedes Leistungsniveau einzustellen ist. Investieren Sie in einen sinnvollen Trainingsaufbau: Dazu gehören auch angepaßte Geräte. Jeder, der glaubt, Kompromisse auf Kosten irgendeines Zeitdrucks oder auf Kosten seines vierbeinigen Partners machen zu können, wird

bald mit der Realität konfrontiert, und die nötige Korrektur ist viel mühseliger.

DER PARCOURS

In individuellen Lernschritten mit den erforderlichen Wiederholungen wird ein Gerät nach dem anderen erarbeitet. Ist das Team sicher, werden die Geräte zu verschiedenen Trainingssequenzen zusammengefügt. So wächst das Team in das Parcourskonzept. Der Mensch erfährt Bauweise und System der Parcoursgestaltung.
Anhand dieser kleinen Parcours sollen so viele Varianten wie möglich durchlaufen werden, in verschiedenen Richtungen. Hierzu diente das Trainieren von Rechts- und Linksführigkeit. Bei geschickter Anordnung erfordern diese Trainingssequenzen immer wieder Richtungs- und Positionswechsel von Mensch und Hund. Das ist eine ausgezeichnete Methode, die Reaktionen im Team abzufordern. Perfekte Teamarbeit entscheidet über Sieg und Platz im Wettkampf, daher möchte ich diese Übungen als Kontrollübungen bezeichnen.
Aus dieser Arbeit mit den kleinen Trainingssequenzen erwachsen nach und nach große Parcours, die ganz unterschiedliche Anforderun-

gen an die Teams stellen. Jeder Parcours soll für sich eine Herausforderung darstellen, die jedoch lösbar sein muß. Der Hund soll in der Lage sein, jedes Gerät schnell und auf direktem Wege anlaufen zu können. Durch geschicktes Stellen und Spielen mit unterschiedlichen Distanzen bekommt ein Parcoursverlauf seine Würze. Ein Parcours soll die Teams anregen, ihr gesamtes Können auszuspielen und dem Mitbewerber das Siegen zu erschweren. Er soll ebenfalls sein ganzes Können einbringen. Das ist der Geist von Agility.

Und bitte niemals die Erfrischung vergessen!

LITERATUR

Beck, Peter: Das Beste für meinen Hund. Kosmos 1995.

Brehm, Helga: Hundekrankheiten. Kosmos 1995.

Feddersen-Petersen, Dorit: Hundepsychologie. Kosmos 1987.

Feddersen-Petersen, Dorit: Hunde und ihre Menschen. Kosmos 1992.

Harries, Brigitte: Ein Welpe kommt ins Haus. Kosmos 1995.

Harries, Brigitte und **Schniebel, Jan:** Ein Hund soll es sein. Kosmos 1994.

Jones, Renate: Welpenschule leichtgemacht. Kosmos 1997.

Kejcz, Yvonne: So sag ich's meinem Hund. Kosmos 1992.

Kejcz, Yvonne: Unser Hund wird alt. Kosmos 1994.

Krämer, Eva-Maria: Der Kosmos-Hundeführer. Kosmos 1995.

Krämer, Eva-Maria: Kleine Hunde, große Freunde. Kosmos 1996.

Lind, Ekard: Richtig spielen mit Hunden. Naturbuch 1997.

Mugford, Roger: Erziehung 2000. Kynos 1993.

Räber, Hans: Enzyklopädie der Rassehunde, Band 1. Kosmos 1993.

Räber, Hans: Enzyklopädie der Rassehunde, Band 2. Kosmos 1995.

Ross, John und **McKinney, Barbara:** Hunde verstehen und richtig erziehen. Kosmos 1994.

Ross, John und **McKinney, Barbara:** Welpenkindergarten. Kosmos 1997.

Trumler, Eberhard: Mit dem Hund auf du. Piper 1996.

ADRESSEN

Verband für das Deutsche Hundewesen e. V. (VDH)
Westfalendamm 174
44141 Dortmund
Tel.: 02 31 - 5 65 00 - 0
Fax: 02 31 - 59 24 40

Deutscher Verband der Gebrauchshundesportvereine e. V.
Gustav-Sybrecht-Str. 42
44536 Lünen
Tel.: 02 31 - 8 79 49
Fax: 02 31 - 8 77 08 13

Deutscher Hundesportverband e. V. (dhv)
Gustav-Sybrecht-Str. 42
44536 Lünen
Tel.: 02 31 - 8 79 49
Fax: 02 31 - 8 77 08 13

Schweizerische Kynologische Gesellschaft (SKG)
Postfach 82 17
CH - 3001 Bern
Tel.: 0 31 - 3 01 58 19
Fax: 0 31 - 3 02 02 15

Österreichischer Kynologenverband (ÖKV)
Johann-Teufel-Gasse 8
A - 1238 Wien
Tel.: 01 - 8 88 70 92
Fax: 01 - 8 89 26 21

REGISTER

BILDNACHWEIS

Erdmann (9o, 47o, 50r), Hertrich (Außenklappe kleines Motiv, 52o, 52u, 53u, 54u, 56ul, 56ur, 57o, 57m, 57u), IPO (48o), Juniors Bildarchiv (Botzenhardt: 4u), Krämer (16u, 17u) , Jarutka (26o), Layer (15ur, 20o), Pedigree Pal (Innenklappe alle 12 Motive, 1l, 1m,1r, 2u, 3, 4u, 5o, 6o, 7, 8ul, 8ur, 9u, 10ol, 10or, 11ol, 11or, 13o, 14o, 14u, 15u, 18o, 18u, 23, 24o, 25o, 28l, 28m, 28r, 29o, 29m, 29u, 31, 32o, 32m, 32u, 33o, 34l, 34r, 35o, 35u, 36o, 36u, 37o, 37u, 38o, 39o, 40o, 40ul, 40ur, 41ol, 41or, 41u, 42o, 42m, 42u, 43o, 43u, 45o, 46, 47m, 47u, 49o, 49u, 51o, 53o, 55o, 55u, 58o, 58m, 58u), Reinhard (10u, 11u, 16o, 22u, 50l, 54o), Robotti (Außenklappe großes Motiv, 2o, 4o, 5u, 6ul, 6ur, 8o, 12o, 13u, 15ul, 19, 20u, 22o, 24u, 25u, 27o, 27u, 30, 33u, 38u, 39m, 39u, 44o, 44u, 45u, 51u, 56o, 59o), Steimer (21, 48u, 59u)

Eine Farbzeichnung von Milada Krautmann.

Autor und Verlag bedanken sich herzlich bei Pedigree Pal für die freundliche Unterstützung bei der Bebilderung dieses Buches.

Informationen senden wir Ihnen gerne zu

Bücher · Kalender · Spiele
Experimentierkästen · CDs · Videos
Seminare

Natur · Garten & Zimmerpflanzen ·
Heimtiere · Pferde & Reiten ·
Astronomie · Angeln & Jagd ·
Eisenbahn & Nutzfahrzeuge ·
Kinder & Jugend

KOSMOS

Postfach 10 60 11
D-70049 Stuttgart
TELEFON +49 (0)711-2191-0
FAX +49 (0)711-2191-422
WEB www.kosmos.de
E-MAIL info@kosmos.de

IMPRESSUM

Umschlaggestaltung von Atelier Reichert, Stuttgart, unter Verwendung von 4 Farbaufnahmen von Pedigree Pal.

Mit 139 Farbfotos und einer Farbzeichnung.

Die Deutsche Bibliothek – CIP-Einheitsaufnahme

Hundespaß Agility : [Extra: Flyball] / Hans-Günter Hertrich. – Stuttgart : Kosmos, 1998
  (Dem Kosmos-Rat vertrauen)
  ISBN 3-440-07512-5

© 1998, Franckh-Kosmos Verlags-GmbH & Co., Stuttgart
Alle Rechte vorbehalten
ISBN 3-440-07512-5
Lektorat: Dr. Sandra Frins
Grundlayout: Atelier Reichert, Stuttgart
Gestaltung: Gisela Dürr, München
Satz: Punkt Komma Strich, Deizisau
Printed in Italy/Imprimé en Italie
Druck und Buchbinder: Printer Trento S. r. l., Trento

DER TRAININGSAUFBAU

Motivation ist das Zauberwort für den Erfolg. Gehen Sie bitte streßfrei in jedes Training.

Basisausbildung

Die Voraussetzung aller hundlichen Aktivitäten ist die Basisausbildung. Schnell und freudig soll unser Vierbeiner die gestellten Aufgaben des Gehorsams ausführen und beherrschen. Trainieren Sie variantenreich und belassen Sie es nicht nur bei SITZ, PLATZ, STEH, BEI FUSS und BLEIB. Ihr Hund ist intelligent, er möchte viel von Ihnen lernen. Nichts ist so ermüdend wie Monotonie.

Begleithundeprüfung

Mit zwölf Monaten darf Ihr Hund zur Begleithundeprüfung. Sie ist in Deutschland die Voraussetzung für den ersten Start im Agility. Neben der Begleithundeprüfung nach der Prüfungsordnung der AZG wurde speziell eine Begleithundeprüfung-A (BH-A) für den Agilitysport eingeführt.

Gerätetraining

Das Gerätetraining wird stets dem Ausbildungsstand angepaßt. Der Trainer wird die Trainingsschritte mit dem Hundefreund abstimmen. Investieren Sie in Trainingsgeräte, die Ihnen und dem Hund die Aufgaben erleichtern und seinem Bewegungsdrang förderlich sind.

Sprungtraining

Gezieltes Sprungtraining sollte Ihr Hund nicht vor seinem zwölften Lebensmonat durchführen. Sein Wachstum könnte empfindlich beeinflußt werden.

Agilityprüfungen

Seine erste Agilityprüfung kann Ihr Hund im Alter von 15 Monaten absolvieren. Ein solider Trainingsaufbau und Verantwortung für den Partner Hund lassen eine lange, erfolgreiche Partnerschaft entstehen. Auf der Agilityweltmeisterschaft 1997 war ein neunjähriger Hund immer noch freudig und erfolgreich im Parcours.

GESUNDHEITSCHECKLISTE

„Fit und gesund durch Sport mit Hund" - diesen Slogan prägten die Verbände des dhv. Was hier für den Menschen gilt, läßt sich mühelos auf den Hund übertragen. Die Verantwortung für den Vierbeiner erfordert es, sich mit einigen Tatsachen zu beschäftigen. So sind neben der Fütterung und dem Auslauf auch seine Gesundheit und Fitneß zu gewährleisten.

Impfungen

Gegen einige Krankheiten können unsere Hunde geimpft werden. So bekommt der Welpe bereits beim Züchter seine Grundimmunisierung. Die Auffrischung der Impfung erfolgt dann einige Zeit später, und meistens bekommt er danach seine Tollwutimpfung. In kombinierten Dosierungen kann somit gegen Staupe, Hepatitis, Leptospirose, Parvovirose und Tollwut geimpft werden. Im Hundesport gehört das Impfzeugnis neben der Leistungskarte oder dem Sportpaß zum absoluten Muß für jede Veranstaltung. Eine regelmäßige Auffrischung der Tollwutimpfung ist also nicht nur für die Reise ins Ausland wichtig.

Tierarztcheck

Auf die Sprunggelenke, Bänder, Hüftgelenke und auf die Wirbelsäule des Hundes sollten unsere Sportler besonders achten. Eine Voruntersuchung und regelmäßige Checks durch den Tierarzt bewahren unseren Hund vor späteren negativen Folgen. Desweiteren möchte ich jedem Hundesportler ein Erste-Hilfe-Paket empfehlen. Damit kann die Erstversorgung sichergestellt werden. Seminare, die von Tierärzten in Vereinen abgehalten werden, halte ich für sinnvoll, damit man auch wirkungsvoll helfen kann.

Letzter Check beim Tierarzt:

Normalwerte unserer Hunde

Körpertemperatur	38.0 - 39.0 °C
Atemfrequenz	ca. 20 - 30 Atemzüge / Minute bei großen Hunden
	30 - 50 Atemzüge / Minute bei kleinen Hunden und Welpen
Pulsfrequenz	ca. 80 Schläge / Minute bei großen Hunden
	ca. 80 - 120 Schläge / Minute bei kleinen Hunden und Welpen
Schleimhaut	rosa

Bei Anstrengung steigen die Werte an und die Schleimhäute färben sich rot.

Wichtige Anschriften

Tierarzt:

Tierärztlicher Notdienst:

Hundeverein:

Haftpflichtversicherung: